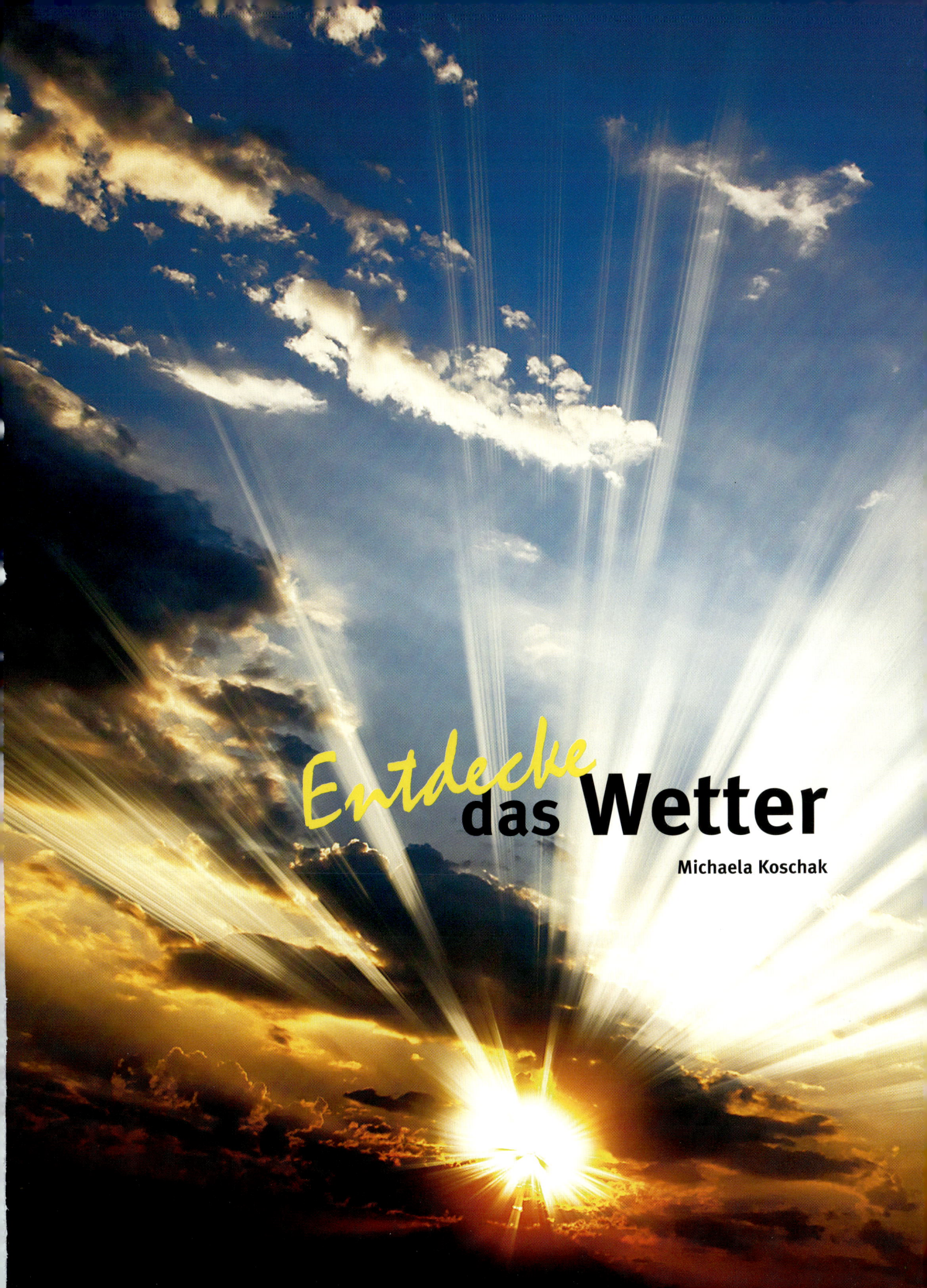

Entdecke **das Wetter**

Michaela Koschak

Für Momo

Die in diesem Buch enthaltenen Angaben wurden von der Autorin nach bestem Wissen erstellt und sorgfältig überprüft. Da inhaltliche Fehler trotzdem nicht völlig auszuschließen sind, erfolgen diese Angaben ohne jegliche Verpflichtung des Verlages oder der Autorin. Beide übernehmen keine Haftung für etwaige inhaltliche Unrichtigkeiten. Alle Rechte, insbesondere das Recht der Vervielfältigung und Verbreitung sowie der Übersetzung sind vorbehalten. Kein Teil des Werkes darf in irgendeiner Form (Druck, Fotokopie, Mikrofilm oder andere Verfahren) ohne schriftliche Genehmigung des Verlages reproduziert oder unter Verwendung elektronischer Systeme verarbeitet, gespeichert oder vervielfältigt werden.

2. Auflage 2014

ISBN: 978-3-86659-224-7

© 2014 Natur und Tier - Verlag GmbH
An der Kleimannbrücke 39/41
48157 Münster
Tel.: 0251-13339-0 · Fax: -33
E-Mail: verlag@ms-verlag.de
Home: www.ms-verlag.de
Geschäftsführung: Matthias Schmidt
Layout: Nick Nadolny
Lektorat: Kriton Kunz
Druck: Alföldi, Debrecen

Inhaltsverzeichnis

Was ist das Wetter?

Jetzt denkst Du Dir wahrscheinlich: Was für eine komische Frage! Natürlich Wolken, Regen, Sonnenschein und Gewitter machen das Wetter aus. Stimmt! Aber zum Wetter gehört noch viel mehr, zum Beispiel Wind, Hitze, Kälte, Hagel, Nebel oder Luftfeuchtigkeit.

Außerdem geht es beim Wetter um die Wolken, den Regen, die Temperatur und den Wind an einem bestimmten Ort. Und das genau jetzt, zu diesem Zeitpunkt und in den nächsten Stunden. Es würde wenig Sinn ergeben, das Wetter von heute hier in Deutschland mit dem Wetter zu Weihnachten am Südpol zu vergleichen.

Das Wetter erzählt also immer etwas über das Jetzt und Hier. Dabei wird immer wieder von „gutem Wetter" oder „kaltem Wetter" oder „stürmischem Wetter" geredet. Was es damit auf sich hat, erfährst Du in diesem Buch – und noch viele weitere spannende und lustige Dinge, die es ansonsten über das Wetter zu berichten gibt. Viel Spaß bei der spannenden Entdeckungsreise durch die faszinierende Welt des Wetters!

Früher dachte man, Laubfrösche könnten durch ihr Verhalten das Wetter vorhersagen. Dazu sperrte man sie in ein Glas mit einer kleinen Leiter. Saß der Frosch oben, bedeutete das schönes Wetter, saß er unten, Regenwetter.
Das ist zwar Unsinn, aber der Begriff „Wetterfrosch" hat sich als scherzhafte Bezeichnung für Wetterforscher gehalten.

Kopfschmerzen durch's Wetter?

In Zeitungen oder im Internet findet Eule Xabi Meldungen über das sogenannte Biowetter. Dieses Biowetter sagt uns etwas über unser Wohlbefinden bei bestimmten Wetterlagen. Wenn beispielsweise ein Tief naht, tun manchen Leuten alte Verletzungsnarben weh oder sie bekommen Kopfschmerzen.

Bedeutet Regen immer „schlechtes Wetter"? Nein, nicht immer – für diese Kinder ganz offensichtlich nicht, die den Wolkenguss richtig genießen!

In dieser Wetterhütte werden Wetterelemente aufgezeichnet. Aus diesen Daten können Meteorologen berechnen, wie das Wetter in den nächsten Tagen wird.

Uns „Wetterfrösche" (Meteorologen heißen wir in der Fachsprache) kennst Du vielleicht aus den Nachrichten in Radio oder Fernsehen, wo wir über das aktuelle Wetter berichten. Dazu haben wir sogenannte Wetterelemente, die uns Eigenschaften über das Wetter verraten. Mithilfe dieser gemessenen Wetterelemente und riesiger Computer können wir Wettervorhersagen machen und somit über das Wetter von morgen und den nächsten Tagen sprechen.

Hagel oder Graupel?

Was ist eigentlich der Unterschied zwischen Hagel und Graupel? Kurz gesagt: im Sommer gibt es Hagel und im Winter Graupel. Hagel kann viel größer und härter werden, also mehr Schaden anrichten als Graupel.

Ein Forscher kehrt zu seinem Schiff zurück, mit dem in der eisigen Kälte des Nordpols Wetterdaten gesammelt werden. Zur Sicherheit hält er eine sogenannte Eisaxt in der rechten Hand. Mit dieser kann er sich, sollte er ins Eis einbrechen, aus dem Wasser ziehen.

Die wichtigsten Wetterelemente sind Lufttemperatur, Luftfeuchtigkeit, Luftdruck, Windstärke und Windrichtung, Niederschlag (also Regen, Schnee, Hagel oder Graupel), Bewölkung, Wolkenarten sowie Dauer und Intensität des Sonnenscheins. Dafür gibt es jeweils Messgeräte, die sich in einer sogenannten Wetterhütte befinden und das Wetter an einem Ort den ganzen Tag über aufzeichnen können.

Die Temperatur ist ein ganz wichtiges Wetterelement. Sie wird mit einem Thermometer gemessen. Die Skala, also der Messbereich darauf, reicht von minus 40 Grad Celsius bis plus 50 Grad Celsius. Aber es geht noch deutlich kälter! Die tiefste Temperatur, die es gibt, liegt bei minus 273 Grad Celsius. Bei dieser Temperatur bewegt sich gar nichts mehr, nicht mal die kleinsten Luftteilchen. Kälter geht es nicht. Deshalb heißt sie „absoluter Nullpunkt".

Wo entsteht das Wetter?

Auf diese Frage fällt Dir wahrscheinlich als erste Antwort ein: im Himmel! Und damit liegst Du goldrichtig, dort entsteht das Wetter. Allerdings muss man das ein bisschen einschränken beziehungsweise etwas genauer erklären.

Um die Erde herum gibt es eine durchsichtige Schutzhülle, die sogenannte Atmosphäre, und hier wird das Wetter „gemacht". Diese Atmosphäre ist sehr wichtig für uns Menschen, denn ohne sie könnten wir auf der Erde nicht leben. In der Atmosphäre befindet sich die Luft, die wir zum Atmen brauchen. Außerdem speichert sie eine Menge Sonnenenergie für uns, sodass es angenehm warm auf unserem Planeten ist. Ohne die Atmosphäre lägen nämlich die Temperaturen auf der Erde bei minus 18 Grad Celsius – da würden wir ganz schön frieren. Nein, ehrlich gesagt, da gäbe es hier überhaupt kein Leben.

Mit einer Durchschnittstemperatur von plus 15 Grad Celsius weltweit lässt es sich dagegen ganz gut aushalten, und auch Tiere und Pflanzen können leben. Diese durchschnittlich plus 15 Grad Celsius haben wir nur der Atmosphäre zu verdanken. Die Sonne schickt uns mit ihren Strahlen ganz viel Energie und Wärme auf die Erde, und ein Teil davon wird eben in der Atmosphäre gespeichert – man nennt das den „natürlichen Treibhauseffekt". Wenn Du in einem Glashaus oder Wintergarten stehst und die Sonne scheint, kommst Du ziemlich ins Schwitzen, denn es wird dort ganz schön warm. Die Wärme der Sonne wird in diesem Glaskasten gut gespeichert. So ist es im Großen auch mit unserer Atmosphäre. Sie speichert einen Teil der Sonnenenergie, sodass wir nicht frieren müssen. Bestimmt hast Du schon mal etwas vom Treibhauseffekt gehört und wunderst Dich jetzt sicher, warum der so schlimm sein soll. Aber damit ist der vom Menschen verursachte Treibhauseffekt gemeint, der die Temperaturen in unserer Atmosphäre noch viel weiter ansteigen lässt, was dann irgendwann nicht mehr gut für uns ist. Mehr dazu erfährst Du im Kapitel über den Klimawandel.

Machen Flugzeuge Wolken? Ja, oder besser gesagt, ihre Abgase. Denn ab einer Höhe von 8.000 Metern ist es bei mindestens minus 40 Grad Celsius so kalt, dass der Wasserdampf aus den Abgasen zu Eiskristallen gefriert, die Du dann als streifenförmige Wolke am Himmel sehen kannst.

Das Wetter entsteht im Himmel, in der Atmosphäre. Hier siehst Du aus großer Höhe, wie Wolkenbänder über die Erde ziehen.

Aus dem Weltall betrachtet, sieht die Atmosphäre aus wie eine bläuliche Hülle. Durch sie dringen die Sonnenstrahlen und erwärmen die Erde, sodass wir hier leben können.

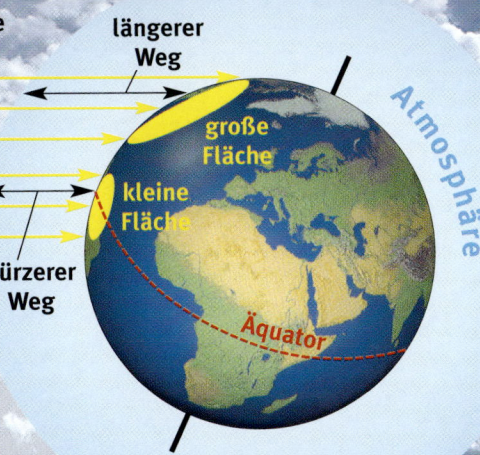

längerer Weg

große Fläche

kleine Fläche

kürzerer Weg

Atmosphäre

Äquator

In der Nähe des Äquators ist es sehr warm, Richtung Nord- und Südpol dagegen wird es immer kälter. Kein Wunder, denn dort haben die Sonnenstrahlen einen längeren Weg durch die Atmosphäre zurückzulegen, ihre Kraft nimmt dabei ab.

Außerdem fällt ein Sonnenstrahl am Äquator fast senkrecht ein, erwärmt also eine kleine Fläche. An den Polen dagegen ist der Winkel viel flacher. Die Kraft des Sonnenstrahls verteilt sich daher auf eine viel größere Fläche.

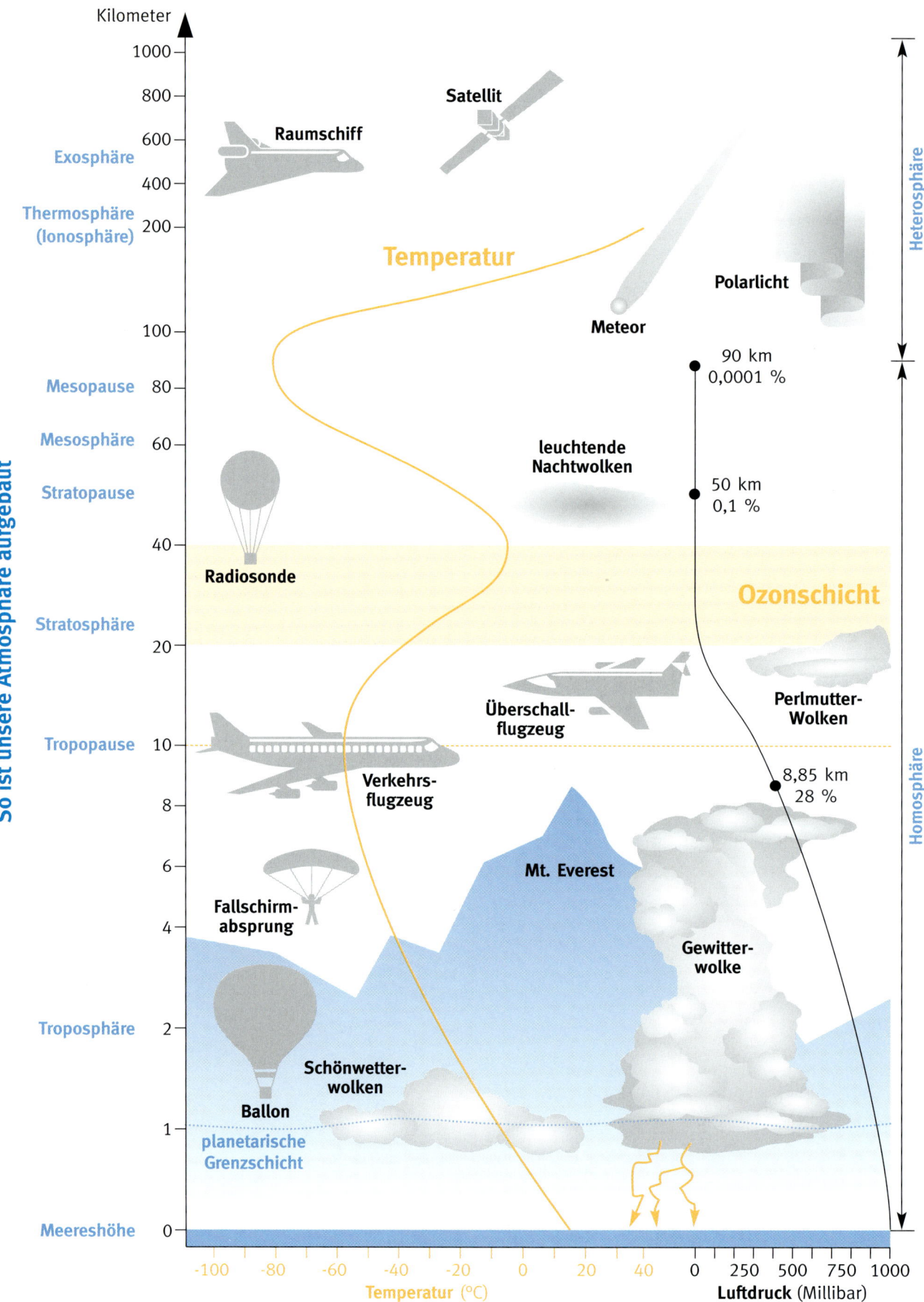

So ist unsere Atmosphäre aufgebaut

Kilometer

1000
800
600 — Exosphäre
400
200 — Thermosphäre (Ionosphäre)
100
80 — Mesopause
60 — Mesosphäre
50 — Stratopause
40
20 — Stratosphäre
10 — Tropopause
8
6
4
2
1 — Troposphäre
planetarische Grenzschicht
0 — Meereshöhe

Raumschiff

Satellit

Temperatur

Meteor

Polarlicht

90 km 0,0001 %

leuchtende Nachtwolken

50 km 0,1 %

Ozonschicht

Radiosonde

Überschallflugzeug

PerlmutterWolken

8,85 km 28 %

Verkehrsflugzeug

Mt. Everest

Gewitterwolke

Fallschirmabsprung

Schönwetterwolken

Ballon

Heterosphäre

Homosphäre

-100 -80 -60 -40 -20 0 20 40

Temperatur (°C)

0 250 500 750 1000

Luftdruck (Millibar)

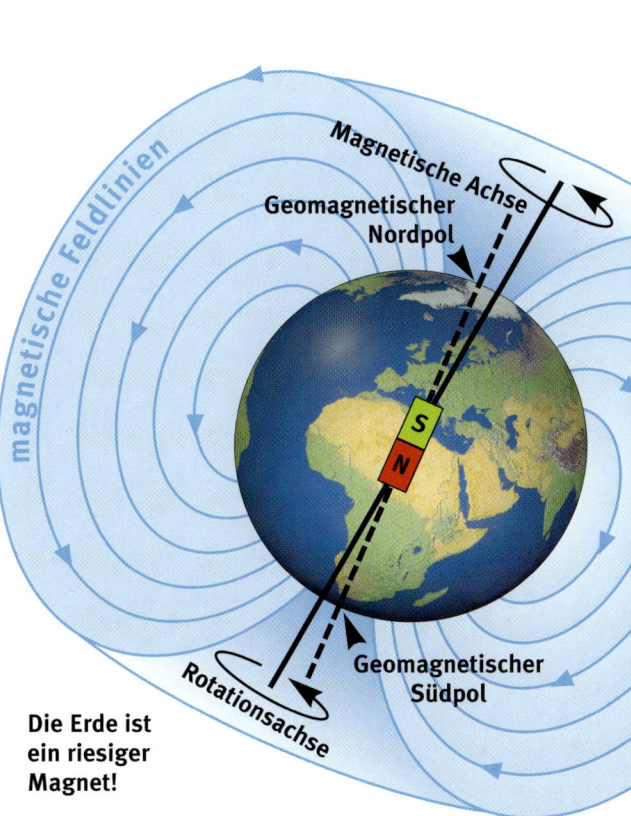

Magnetische Achse

Geomagnetischer Nordpol

magnetische Feldlinien

magnetische Feldlinien

Rotationsachse

Geomagnetischer Südpol

Die Erde ist ein riesiger Magnet!

Kommen wir nun wieder zu unserer Atmosphäre zurück, wo das Wetter gemacht wird. Sie ist ungefähr eintausend Kilometer dick. Das Wetter entsteht aber nur in den ersten zwölf Kilometern über der Erdoberfläche. Der höchste Berg der Erde ist der Mount Everest, und der ist etwa neun Kilometer hoch. Denk Dir noch einmal drei Kilometer dazu. So dick ist die Schicht in der Atmosphäre, in der das Wetter gemacht wird. Diese Schicht nennt man übrigens Troposphäre.

Außerdem gibt es in der Atmosphäre noch eine weitere wichtige Schicht, die sogenannte Ozonschicht. Ohne sie könnten wir auf der Erde auch nicht leben, denn sie schützt uns vor dem gefährlichen Teil der Sonnenstrahlung, der UV-Strahlung. Die ist sehr aggressiv und kann unsere Haut zerstören, wie bei einem Sonnenbrand. Aber die Ozonschicht lässt diesen Teil der Sonnenstrahlung nicht durch. Trotzdem kommt ein ganz kleiner Minianteil der aggressiven Sonnenstrahlung bis zu uns, deshalb müssen wir vor allem im Sommer immer an Sonnencreme denken, denn die schützt uns vor dieser UV-Strahlung.

Dünne Luft?

Kann Luft dünner werden? Die Luft ist durchsichtig, aber sie besteht aus ganz vielen kleinen Luftteilchen, die so klein sind, dass wir sie mit bloßem Auge nicht sehen können. Zudem hast Du sicher schon mal etwas von der Erdanziehung gehört. Wenn Du einen Ball in die Luft wirfst, fällt er irgendwann wieder zu Boden, weil das Erdinnere magnetisch ist und alles anzieht, den Ball, aber eben auch die Luftteilchen. Je weiter man sich allerdings von der Erde (diesem Magneten) entfernt, desto weniger Anziehungskraft hat sie. Das bedeutet für die Luft: Je weiter man nach oben in den Himmel, Richtung Weltall kommt, desto dünner wird sie, desto weniger Luftteilchen gibt es dort. Schon in etwa neun Kilometern Höhe ist die Luft zum Atmen zu dünn, Du würdest dort ersticken!

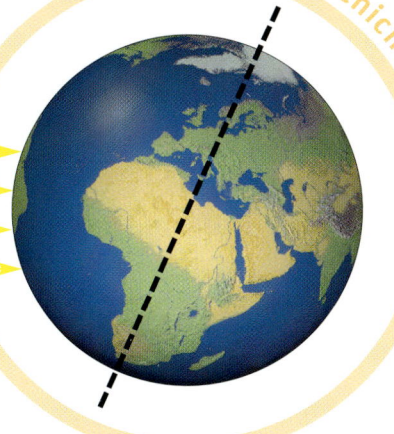

Die Ozonschicht blockt das für uns so gefährliche UVC-Licht fast komplett ab

Ozonschicht

Infrarot

sichtbares Licht

UVA

UVB

UVC

Je weniger senkrecht die Sonnenstrahlen auf eine Region der Erde treffen, desto kälter ist es dort

Wer macht das Wetter?

Unsere wichtigsten Wettermacher sind die Sonne und der Wind. Dabei übernimmt die Sonne die Hauptrolle. Sie strahlt uns tagtäglich an und versorgt uns mit Wärme und Energie – auch wenn es hier am Boden bei schlechtem Wetter so aussieht, als scheine die Sonne gar nicht.

Die Sonne bestrahlt verschiedene Regionen auf der Erde verschieden stark, weil die Erdachse ein kleines bisschen „gekippt" ist, also sozusagen „schief" zur Sonne steht. Am Äquator gibt es deshalb den meisten Sonnenschein: Das ganze Jahr über steht die Sonne steil am Himmel und ist somit am intensivsten. Und die Sonne scheint hier das ganze Jahr über jeden Tag zwölf Stunden. Nord- und Südpol dagegen bekommen ein halbes Jahr lang richtig viel Sonnenschein, dann herrscht der sogenannte Polartag.

Sommer

Sonne

Winter

Winter

Sommer

Durch die Neigung der Erdachse ist auf der links dargestellten Erdkugel die Nordhalbkugel der Sonne zugewandt und bekommt mehr Licht ab. Auf der Nordhalbkugel, also bei uns, ist damit Sommer, im Süden dagegen Winter. Nach einem halben Jahr hat sich die Erde weiter um die Sonne gedreht (rechts dargestellt). Nun ist es genau umgekehrt: Die Südhalbkugel erhält mehr Sonnenlicht, dort ist nun Sommer. Auf der Nordhalbkugel herrscht Winter.

Allerdings steht die Sonne dabei nur knapp über dem Horizont, also nicht hoch am Himmel, und bringt somit nicht allzu viel Wärme. Zudem gibt es das andere halbe Jahr fast gar keine Sonne, wenn Polarnacht ist – und dann ist es richtig eisig am Nord- oder Südpol.

Wo ist es am kältesten auf unserem Planeten?

In der Antarktis, wo die Königspinguine leben. Dort wurde der bisherige Kälterekord von knapp minus 90 Grad Celsius aufgestellt.

Einen der wichtigsten Wettermacher, den Wind, können wir nicht sehen - sehr wohl aber das, was er verursacht, wie diesen sogenannten Staubteufel

Somit ist es am Äquator immer wärmer als an den Polen. Die Natur liebt aber das Gleichgewicht und möchte sozusagen gern, dass es überall auf der Erde gleich warm ist. Nun kommt der Wind ins Spiel. Er sorgt nämlich dafür, dass warme Luftpakete in kältere Regionen gepustet werden. Das klappt aber nicht so einfach, denn unsere Erde besteht aus Landflächen und Meeren.

Wüstensand auf der Autoscheibe?

Wenn Deine Familie ein Auto hat, dann beschweren sich Deine Eltern vielleicht ab und zu: Denn obwohl das Auto frisch aus der Waschstraße kommt, sind die Autoscheiben ganz dreckig durch feinen Sand und verschmieren schnell. Das kann am Saharastaub liegen. Die Sahara ist eine riesige Wüste in Afrika. Wenn der Wind aus dieser Richtung bläst, kann er den Sand aus dieser Wüste manchmal bis zu uns nach Deutschland bringen!

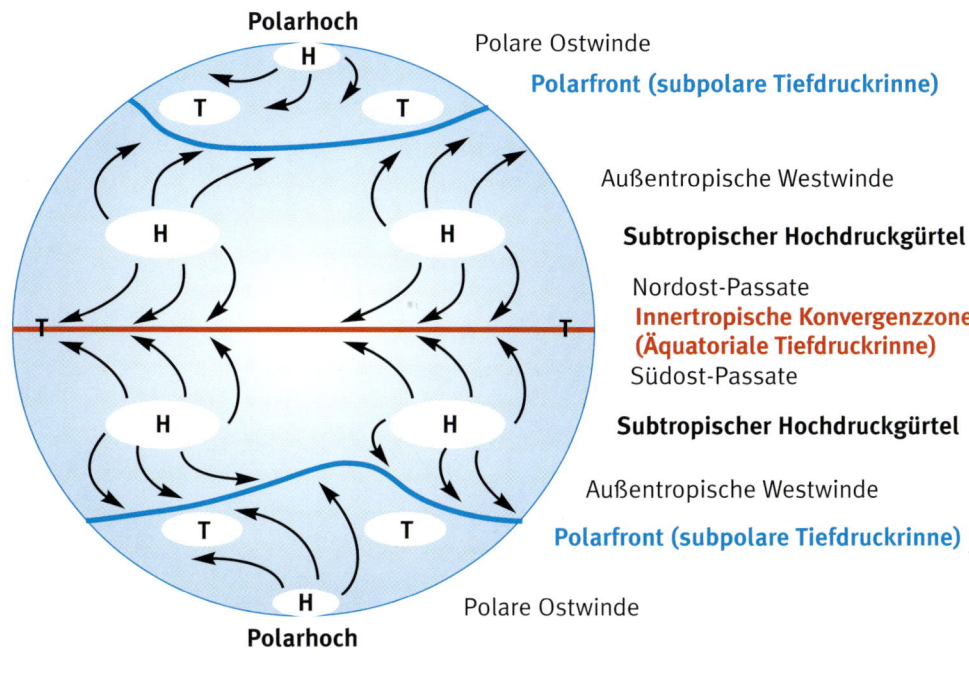

Polarhoch

Polare Ostwinde

Polarfront (subpolare Tiefdruckrinne)

Außentropische Westwinde

Subtropischer Hochdruckgürtel

Nordost-Passate

**Innertropische Konvergenzzone (ITC)
(Äquatoriale Tiefdruckrinne)**

Südost-Passate

Subtropischer Hochdruckgürtel

Außentropische Westwinde

Polarfront (subpolare Tiefdruckrinne)

Polare Ostwinde

Polarhoch

Hier siehst Du, wie verschiedene Winde aus Hoch- oder Tiefdruckzonen dazu führen, dass warme Luft in Zonen mit kalter Luft geweht wird. So kommt es ständig zu einer Art Temperaturausgleich auf der Erde.

Der Hitzerekord liegt bei 70 Grad Celsius und wurde in der Iranischen Wüste gemessen

Die Meere bedecken über 70 Prozent der Erdoberfläche und haben somit beim Wettermachen auch ein Wörtchen mitzureden. Wasser- und Landflächen können Wärme unterschiedlich gut speichern. Wasser ist träge, das bedeutet: etwas langsam. Im Herbst ist das sehr praktisch, denn da ist zum Beispiel die Nordsee vom Sommer noch sehr warm. Wenn Du dagegen im Frühjahr in die Nordsee hopsen willst, musst Du schon sehr mutig sein, denn dann ist hier noch die Kälte des Winters im Wasser gespeichert. Es braucht eine ganze Weile, um sich wieder zu erwärmen.

Die Kontinente dagegen, also die Landmassen, erwärmen sich schnell, wenn die Sonne scheint und es warm wird. Im Winter kann es dagegen hier ganz schnell eisig kalt werden.

Das heißt, Wetter „passiert", weil die Sonne uns unterschiedlich viel Wärme schickt und die Natur alles im Gleichgewicht haben will. Durch die Sonneneinstrahlung entstehen aus verdunstetem Wasser Wolken, die manchmal Regen, zum Teil sogar heftige Gewitter bringen können. Der Wind, der auch als Sturm auftauchen kann, versucht die unterschiedlichen Temperaturen auszugleichen und schiebt deshalb die Wolken über die Erde.

In solch hochmodernen Wetterdienstbüros werden Unmengen von Daten und Satellitenbildern analysiert. Die Wettervorhersagen, die sich daraus errechnen lassen, sind enorm wichtig, beispielsweise für die Luftfahrt oder für Küstenbewohner, denen ein Sturm droht.

Was sind Hochs und Tiefs?

Mit Hochs und Tiefs sind Hochdruckgebiete und Tiefdruckgebiete gemeint, wie Du sie beim Wetterbericht im Fernsehen auf den Wetterkarten sehen kannst. Dabei stehen Hochs im Allgemeinen für schönes und Tiefs für schlechtes Wetter.

Auch bei der Entstehung von Hoch- und Tiefdruckgebieten ist die Sonne wieder ganz wichtig. Sie erhitzt den Erdboden. Dadurch wird die darüber liegende Luft erwärmt. Warme Luft aber ist leichter als die umgebende kalte Luft. Deshalb steigt sie auf – wie ein Heißluftballon oder das kochende Wasser in einem Topf auf dem Herd, wo Du die warme Luft in Form von Dampf nach oben zischen siehst.

Dadurch, dass die warme Luft aufsteigt, nimmt die Anzahl der Luftteilchen in der Höhe zu. Damit hat sich in der Höhe ein Hochdruckgebiet gebildet.

Die Natur hat aber wie schon erwähnt das Bestreben, alles auszugleichen. In diesem Fall bedeutet das, sie will, dass überall der

Was ist der Luftdruck?

Die Luft besteht aus ganz vielen winzig kleinen Teilchen. Jedes Luftteilchen hat sein Gewicht. Auch wenn es so leicht ist, dass wir es normalerweise nicht spüren: Es ist da. Das Gewicht aller Luftteilchen über uns nennt man den Luftdruck. Er wird mit einem Barometer gemessen und meist in Hektopascal angegeben. Dieses Gewicht ist aber unterschiedlich: Auf den Bergen beispielsweise herrscht allgemein geringerer Luftdruck als im Flachland. Und wenn ein Tiefdruckgebiet heranzieht, fällt der Luftdruck ebenfalls.

gleiche Luftdruck herrscht. Nun kommt wieder der Wind ins Spiel und pustet die Luftteilchen aus einem Gebiet mit hohem Luftdruck in ein Gebiet mit tieferem Luftdruck. In der Höhe hatte sich ja ein Hochdruckgebiet gebildet, hier kann die Luft aber nicht gleich wieder nach unten wehen, wo sie herkam, weil ja von da immer wieder neue Luftteilchen nachkommen. Deshalb muss die Luft im Hoch in der Höhe zur Seite abfließen. Gleichzeitig brauchen wir am Boden neue Luftteilchen, denn hier herrscht ja ein Luftteilchenmangel. Und dort, wo weniger Luftteilchen als in der Umgebung sind, herrscht niedrigerer Luftdruck, es hat sich also am Boden genau unter

dem Höhenhoch ein Tiefdruckgebiet gebildet. Nun muss sozusagen das Gebiet mit tiefem Luftdruck und weniger Luftteilchen „gefüttert" werden. Die neuen Luftteilchen dazu holt sich das Bodentief von der Seite heran, mithilfe des Windes. Du weißt ja schon, dass der Wind immer vom hohen zum tiefen Luftdruck, also vom Hoch zum Tief weht. So entsteht ein Kreislauf.

Beim Hoch am Erdboden ist dabei meistens wirklich schönes Wetter, denn die Luftteilchen sinken aus der Höhe zum Boden. Dort ist es wärmer als in der Höhe, deshalb kann die Luft mehr Feuchtigkeit aufnehmen, und Wolken lösen sich auf.

Auf der Nordhalbkugel, wo Du lebst, drehen sich Hochdruckgebiete im Uhrzeigersinn und Tiefs gegen den Uhrzeigersinn. Der Grund dafür liegt in der sogenannten Corioliskraft; das ist die Kraft, die durch die Drehung der Erde entsteht.

Hochs bringen nicht immer Sonnenschein. Im Winter herrscht trotz hohen Luftdrucks manchmal trübes Wetter. Nur die Berge ragen dann aus der dicken Hochnebeldecke. Die Sonne hat im Winter keine Kraft, den Hochnebel „wegzubrutzeln".

Hier siehst Du, wie auf der Nordhalbkugel Hochs und Tiefs entstehen und wie der Wind immer vom Hoch zum Tief weht

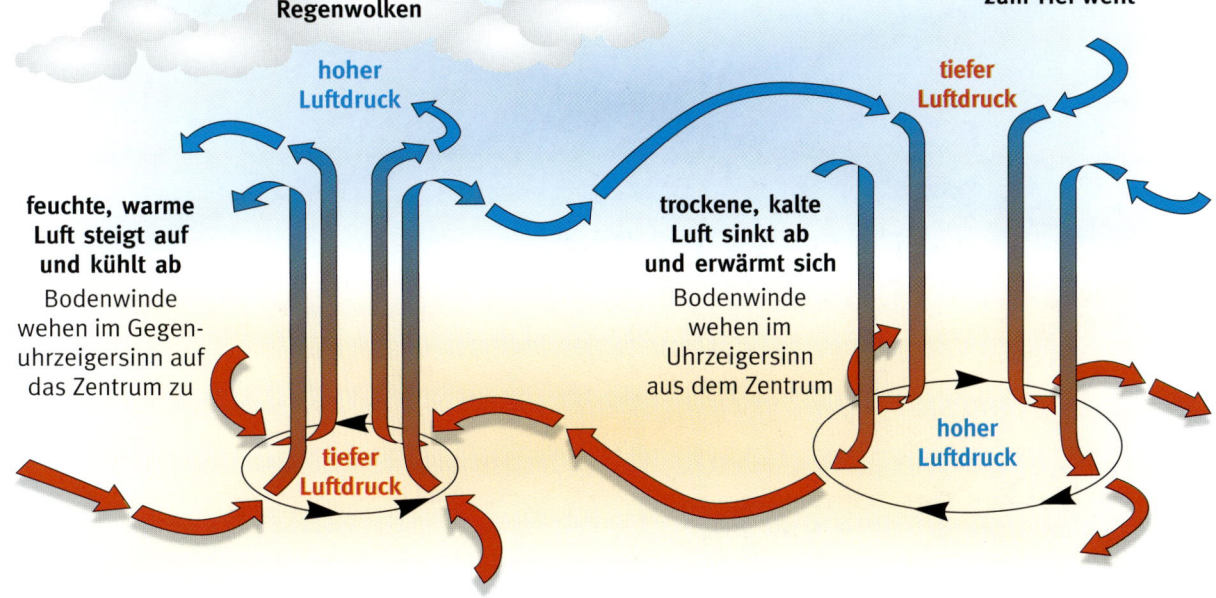

Regenwolken

hoher Luftdruck

tiefer Luftdruck

feuchte, warme Luft steigt auf und kühlt ab
Bodenwinde wehen im Gegenuhrzeigersinn auf das Zentrum zu

trockene, kalte Luft sinkt ab und erwärmt sich
Bodenwinde wehen im Uhrzeigersinn aus dem Zentrum

tiefer Luftdruck

hoher Luftdruck

Je nach Temperatur, Luftfeuchte und Windverhältnissen können sich in verschiedenen Höhen auch ganz verschiedene Typen von Wolken bilden, oft sogar in mehreren Schichten übereinander. Hier siehst Du über der Sonne hohe Schleierwolken, die aus Eis bestehen, und darunter die typischen Schäfchenwolken.

Solche Cumulus-humilis-Wolken, also kleine Quellwölkchen, entwickeln sich manchmal im Tagesverlauf zu großen Schauer- und Gewitterwolken

Warum sehen Wolken so unterschiedlich aus?

Grob gesagt gibt es drei verschiedene Wolkenarten. Sie werden in Stockwerke eingeteilt. Im ersten Stockwerk haben wir die tiefen Wolken. Deren untere Kante, die sogenannte Wolkenuntergrenze, liegt zwischen null und zwei Kilometern Höhe. Im nächsten Stockwerk „wohnen" die mittelhohen Wolken in einer Höhe zwischen zwei und sieben Kilometern. Und ganz oben, zwischen sieben und zwölf Kilometern Höhe, sind die hohen Wolken zu Hause.

Du hast ja schon gelesen, dass es in der Höhe kälter wird, und das macht sich auch bei den Wolken bemerkbar. Die tiefen Wolken sind nämlich Wasserwolken, sie bestehen aus ganz vielen winzig kleinen Wassertröpfchen. Bei den mittleren Wolken handelt es sich um Mischwolken, sie bestehen aus Wasser und Eis. Und die hohen Wolken sind ganz aus Eiskristallen.

Diese Eiswolken sind die harmlosesten. Sie sind meist Schönwetterwolken, zum Beispiel die Schleierwolken (Cirruswolken), die sich manchmal wie schöne, weiße Fäden oder Haken am blauen Himmel zeigen. Sie bringen definitiv keinen Regen. Dann gibt es noch die dünnen, den Himmel ganz bedeckenden Schleierwolken (Cirrostratus), durch die man die Sonne milchig durchscheinen sieht. Sie bringen zwar keinen Regen, können aber eine Schlechtwetterfront ankündigen.

Wolkenstockwerke

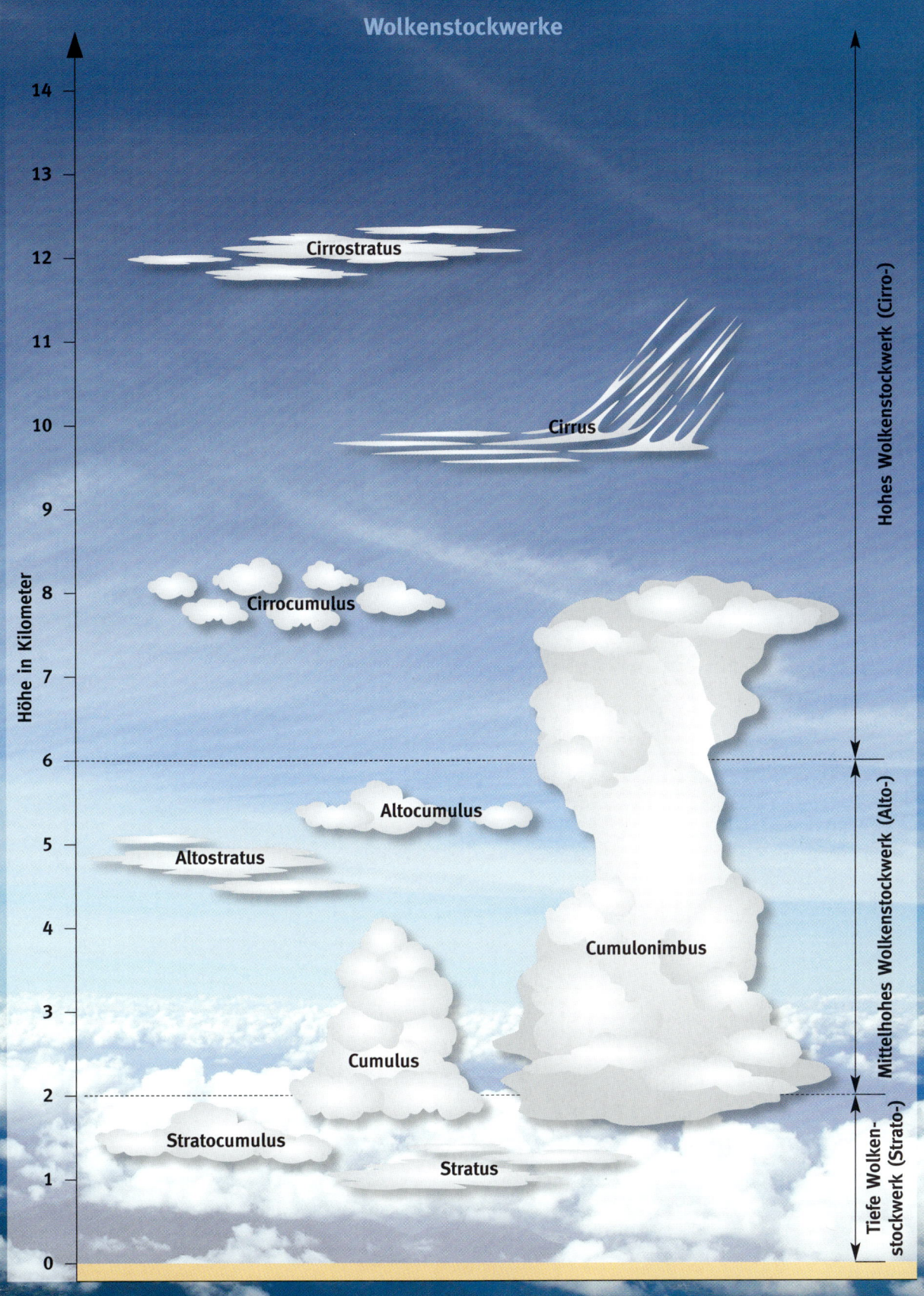

Höhe in Kilometer

Cirrostratus

Cirrus

Cirrocumulus

Cumulonimbus

Altocumulus

Altostratus

Cumulus

Stratocumulus

Stratus

Hohes Wolkenstockwerk (Cirro-)

Mittelhohes Wolkenstockwerk (Alto-)

Tiefe Wolkenstockwerk (Strato-)

Was ist Dunst?

Das ist quasi Nebel, der nicht ganz so dicht ist. Manchmal sieht man Dunstglocken über Städten, die in einem Tal liegen, wie beispielsweise Stuttgart.

Bei den mittelhohen Wolken gibt es große Unterschiede. Die dicken, grauen Schichtwolken (Altostratus), die den ganzen Himmel bedecken können und durch die man die Sonne nicht mehr durchscheinen sieht, sind die unmittelbaren Vorboten eines Schlechtwettergebietes. Harmlos dagegen sind die sogenannten Föhnfische, die wir Meteorologen auch Altocumulus lenticularis nennen. Das heißt so viel wie „Linsenwolken", und diesen Namen haben sie, weil sie an kleine Linsen erinnern, die über den Bergen hängen. Sie sehen einfach nur schön aus und bringen keinen Regen. Und dann gibt es natürlich noch die Schäfchenwolken, die Schatten werfen. Wir Meteorologen sagen zu ihnen auch Altocumuluswolken.

Am vielfältigsten sind die tiefen Wolken. Ihnen verdanken wir im Allgemeinen den Regen. Dazu gehören die Schauer- und Gewitterwolken (Cumulonimbus), die hoch in den Himmel ragen können und teils heftigen Regen, Blitz und Donner bringen. Aber auch das graue Novemberwetter mit einer tief hängenden grauen Wolkendecke (Stratus), aus der Nieselregen fällt, gehört dazu. Die Blumenkohl- oder Haufenwolken (Cumuluswolken) sind tiefe Wolken, aus ihnen können sich manchmal die gefährlichen Gewitterwolken entwickeln. Dann gibt es noch die tief hängenden,

Manchmal scheinen Nebel und Dunst ganze Städte zu verschlingen, wie hier San Francisco in den USA

grauen, den ganzen Himmel bedeckenden Wolken, (Nimbostratus). Aus ihnen fällt lang anhaltender, kräftiger Dauerregen.

Nun hast Du in den letzten Abschnitten oft in Klammern die eigentliche, die meteorologische Bezeichnung der Wolken gelesen. Das ist Lateinisch und hört sich kompliziert an, so schwer ist es aber gar nicht. „Cirrus" steht für hohe Wolken, „Alto" für mittelhohe Wolken, „Cumulus" bedeutet Haufenwolke, „Stratus" heißt Schichtwolke, den ganzen Himmel bedeckend, und „Nimbo" meint so viel wie hoch reichend, gefährlich, viel Regen bringend. Wenn Du das weißt, bist Du schon ein kleiner Wolkenexperte!

Wolken auf dem Boden?

Wenn Du meinst, Wolken gebe es nur am Himmel, liegst Du falsch. Denn auch der Nebel dicht über dem Boden ist eigentlich nichts anderes als eine Wolke. Dabei sieht man manchmal im Nebel fast gar nichts, was beim Autofahren oder wie hier in Mittelamerika beim Passieren eines schmalen Wegs mit dem Pferd gefährlich werden kann.

Zum Glück ist dieses Getreidefeld schon abgeerntet, denn das aufziehende Gewitter hätte den gesamten Ertrag vernichten können

Wie entsteht ein Gewitter?

Am häufigsten gibt es Gewitter im Sommer. Da ist viel Energie und Feuchtigkeit in der Atmosphäre vorhanden, und das sind zwei Voraussetzungen dafür, dass sich Gewitterwolken bilden können. Im Sommer hat die Sonne viel Kraft und erhitzt den Erdboden. Die warme Luft steigt auf. Du weißt ja schon, dass es mit zunehmender Höhe kälter wird und kühlere Luft nicht so viel Feuchtigkeit aufnehmen kann wie warme Luft. Darum entstehen dann dort oben Wolken. Dadurch, dass die Sonne weiter stark scheint, kommt immer wieder Nachschub von unten. Die Wolken können wachsen und wachsen. Irgendwann sind sie zehn bis zwölf Kilometer in die Höhe geschossen, dann nennt man sie Cumulonimbuswolken, Gewitterwolken. In zehn bis zwölf Kilometern Höhe ist es eisig kalt, deshalb bestehen hier die Wolken aus Eiskristallen. Zudem ist es hier oben sehr windig, dadurch wird der obere Teil der Wolken auseinandergerissen. Es entsteht ein sogenannter Amboss, der aussieht wie ein riesiger Pilz.

In so einer Gewitterwolke ist eine Menge los. Da gibt es viel Wind, sogenannte Auf- und Abwinde. Die wirbeln die Wasser- und Eiskristalle in der Wolke mächtig durcheinander. Die Wolkenteilchen schmelzen und gefrieren immer wieder, und wenn sie zusammenstoßen, dann vereinen sie sich zu größeren Teilchen. Die fliegen in der Wolke durch den Wind immer wieder auf und ab und werden irgendwann zu dicken Regentropfen oder sogar Hagelkörnern. Wenn sie schwer genug sind, fallen sie aus der Wolke und kommen bei uns am Erdboden als Regen oder Hagel an.

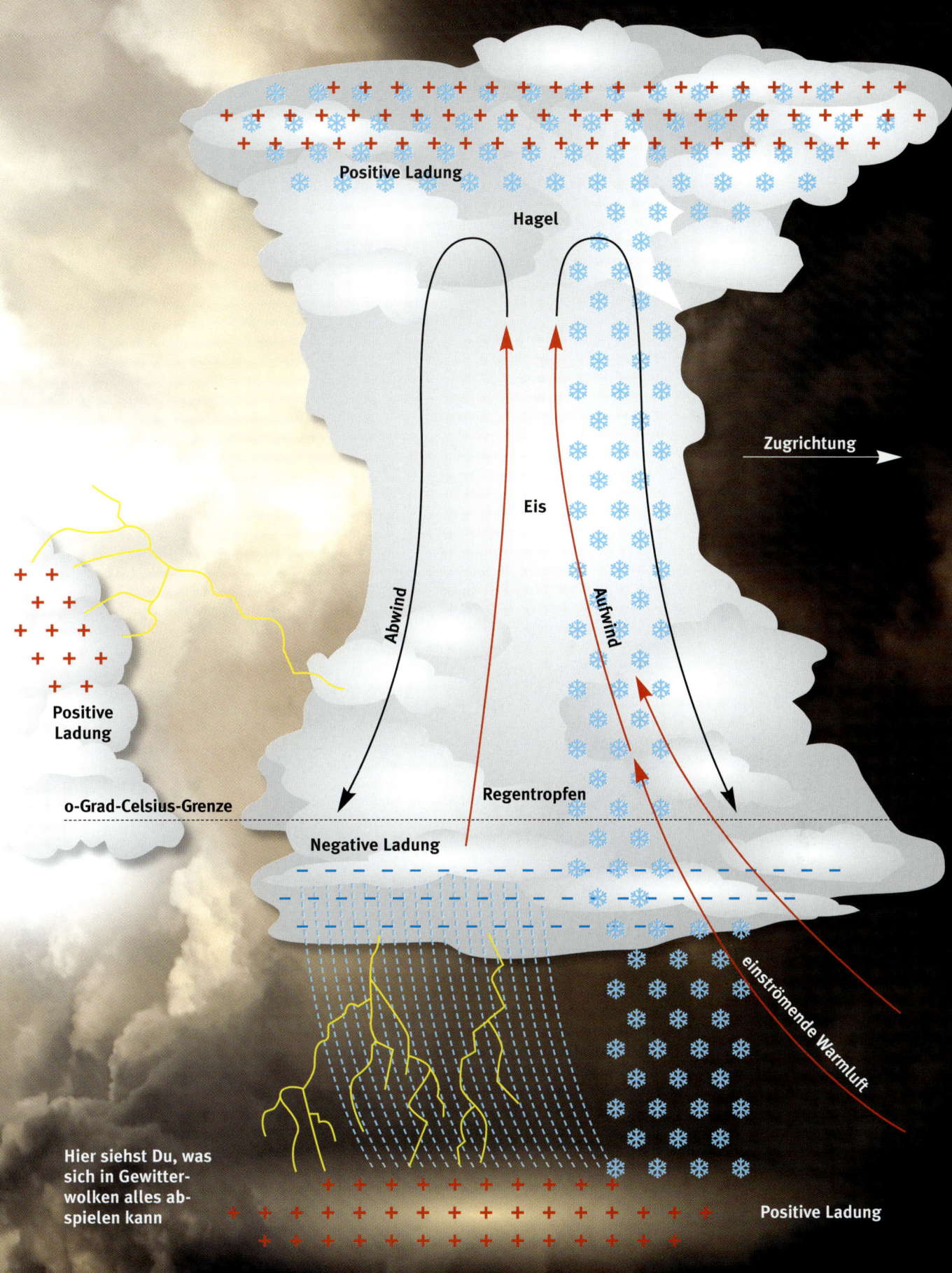

Positive Ladung

Hagel

Zugrichtung

Eis

Abwind

Aufwind

Positive
Ladung

o-Grad-Celsius-Grenze

Regentropfen

Negative Ladung

einströmende Warmluft

Hier siehst Du, was sich in Gewitterwolken alles abspielen kann

Positive Ladung

Der Blitz besteht aus unvorstellbar vielen Elektronen, die sich ihren Weg durch die Luft suchen, um positive und negative Ladungen auszugleichen. Ein Blitz ist also nichts anderes als ein gewaltiger Stromschlag.

Außerdem passiert mit den Tropfen und Eiskristallen in der Gewitterwolke noch etwas anderes: Sie laden sich elektrisch auf. Du hast sicher schon mal etwas vom elektrischen Schlag gehört oder ihn selbst erfahren. Wenn Du mit Hausschuhen über den Teppich schlurfst und dann etwas anfasst, dann bekommst Du einen kleinen Schlag, eben einen elektrischen Schlag. In einer Gewitterwolke geschieht das im ganz Großen. Die Wasser- und Eiskristalle übertragen bei ihren Zusammenstößen elektrische Ladungen, indem zum Beispiel ein Eiskristall einem Wassertropfen ein paar winzig kleine Teilchen abgibt, sogenannte Elektronen. Damit ist die Wolke am oberen Rand, wo sich die Eiskristalle befinden, positiv geladen. Der untere Teil der Wolke mit den Wassertropfen hat mehr Elektronen als vorher, ist damit negativ geladen. Auch hier auf dem Erdboden gibt es positive und negative Ladungen. Und wieder kommt das Bestreben der Natur ins Spiel, alles auszugleichen: Blitze schicken die überschüssigen Elektronen wieder in die Regionen, wo Mangel an Elektronen herrscht. So ein Blitz ist also einfach ein riesiger Stromschlag.

Das helle Licht eines Blitzes breitet sich mit Lichtgeschwindigkeit (300.000 Kilometer pro Sekunde), also ganz schnell aus. Und diese Entladung, die wir am Himmel sehen, erzeugt eine unglaubliche Hitze von 30.000 Grad Celsius. Dadurch wird die Luft um den Blitz sehr schnell aufgeheizt und dehnt sich aus. Aber weil der Blitz ja auch ganz schnell wieder vorbei ist, kühlt sich die Luft danach schnell wieder ab. Das hören wir als lauten Knall, als Donner.

Der Donner passiert also eigentlich fast gleichzeitig mit dem Blitz. Da aber der Schall des Donners viel langsamer ist als das Licht des Blitzes, liegt scheinbar oft eine lange Pause zwischen Blitz und Donner. An dieser Pause kannst Du übrigens auch erkennen, wie weit so ein Gewitter noch von Dir weg ist.

Was ist Wetterleuchten?

Das sind Gewitter, die so weit weg sind, dass man das Donnern nicht hört. Das Zucken der Blitze am Himmel kann man aber sehr weit sehen, und das ist das sogenannte Wetterleuchten.

Hier schlugen mehrere Blitze ins Meer ein. Man kann nur hoffen, dass das Gewitter weiterzieht und die Stadt verschont.

Gewitter erzeugen unheimlich viel Energie und sind deshalb auch nicht ganz ungefährlich. Angst haben musst Du aber vor Gewittern nicht. Du solltest nur an einige Dinge denken:

1) Wenn ein Gewitter aufzieht, gehe sofort aus dem Wasser, ob es ein Schwimmbad, der Badesee oder das Meer ist. Der Blitz sucht sich immer den höchsten Punkt, um einzuschlagen. Und auf der Wasseroberfläche könnte das Dein Kopf sein, der aus dem Wasser ragt.

2) Du solltest Dich bei einem Gewitter auch nicht auf einem hohen Berg oder auf einem Fahrrad befinden, auch hier könnte Dich der Blitz treffen.

3) Auch im Wald ist es bei Gewittern gefährlich. Der Baum, unter dem Du stehst, könnte vom Blitz getroffen werden. Zudem ist es bei Gewitterlagen häufig sehr windig, Äste könnten abreißen und Dich treffen.

Aber es gibt auch viele sichere Orte, wo Du Dich
bei Gewittern aufhalten kannst. Zu Hause ist auf alle Fälle
eine gute Adresse. Häuser sind sicher. Viele haben sogar Blitzableiter.
Auch in einem Auto, im Zug oder im Flugzeug brauchst Du keine Angst
haben. Das sind sogenannte Faraday'sche Käfige. Wenn hier der Blitz
einschlägt, ist man im Innenraum sicher, denn der Blitz schlägt höchstens
in den Metallrahmen ein und wird dann über die Räder zum Erdboden
abgeleitet. Im Zug oder Auto selbst kann Dich der Blitz damit nicht treffen.

Wenn Dich nun doch mal ein Gewitter überrascht und Du vielleicht
auf einem Feld unterwegs bist, dann suche Dir eine Kuhle, einen Graben,
und hocke Dich hin. Nimm dabei die Füße so dicht wie möglich zusammen
und gehe in die Knie. Kauere Dich richtig hin, nimm am besten die Hände
über den Kopf. Du solltest nämlich so wenig Bodenkontakt wie möglich
haben. Wenn der Blitz in Deiner Nähe einschlägt, soll er ja nicht durch
Dich abgeleitet werden. Aber versuche am besten immer rechtzeitig an
einem sicheren Ort anzukommen.

Wenn der Wind stark auffrischt
und dicke, schwarze Wolken auf-
ziehen, dann fängt es meist bald
an zu gewittern, und Du solltest
Dich sputen.

Wie weit ist das Gewitter weg?

Zähle die Sekunden zwischen Blitz und
Donner und teile die Zahl durch drei, dann
erhältst Du die Zahl der Kilometer, die das
Gewitter noch entfernt ist. Zählst Du zum
Beispiel bis sechs, dann ist das Gewitter
nur zwei Kilometer weg. Nun solltest
Du dringend an einen sicheren Ort gehen.

Der Regenbogen ist eines der schönsten Naturphänomene überhaupt

Wer baut den Regenbogen?

Eine Regenwolke und die Sonne bauen den Regenbogen, und unser menschliches Auge brauchen wir dafür natürlich auch, sonst würden wir den Regenbogen ja nicht sehen. Das Wichtigste ist natürlich wieder die Sonne. Sie schickt uns das Licht. Wenn man Richtung Sonne schaut, natürlich nur mit einer Sonnenbrille auf der Nase, sieht die Sonne weißlich gelb aus. Allerdings ist das Sonnenlicht eigentlich gar nicht weißlich gelb, sondern ganz bunt – regenbogenfarben. Das Sonnenlicht setzt sich nämlich aus vielen verschiedenen Farben zusammen, Wissenschaftler sagen Wellenlängen. Wenn man diese Farben mischt, kommt allerdings nicht ein graubraunes Gemisch heraus, wie bei unseren Wassermalfarben, wenn man die alle miteinander mixt, sondern das weißlich gelbe Sonnenlicht, das wir kennen.

An einem Kristallprisma wird Licht in seine verschiedenen Farben aufgespalten

Dasselbe passiert, wenn Sonnenstrahlen durch Regentropfen dringen. Diese wirken dann wie ganz viele kleine Prismen. Damit Du einen Regenbogen sehen kannst, brauchst Du also Regen und Sonnenschein.

Damit daraus nun ein Regenbogen entsteht, müssen drei Dinge zusammenkommen:

1) Die Sonne muss recht tief am Himmel stehen. Es muss also im Sommer morgens oder abends sein, oder es ist Herbst, Winter oder Frühling.
2) Es muss eine Regenwolke geben, aus der Regen mit großen Tropfen fällt.
3) Du musst die Sonne im Rücken haben, und die Regenwolke muss vor Dir liegen.

Ein Hallo ohne zweites „l"

Ein Halo ist ein Ring um die Sonne, den Du siehst, wenn hohe Eiswolken (Cirrostratus) am Himmel sind. Dann wird das Sonnenlicht an den Eiskristallen gebrochen und reflektiert, sodass eine Art Heiligenschein um die Sonne entsteht, wie Du es auf dieser Seite oben sehen kannst – das nennt man Halo. Etwas Ähnliches gibt es auch beim Mond.

Was passiert nun? Die Sonnenstrahlen werden von den großen Regentropfen reflektiert, man könnte auch sagen zurückgeworfen, wie bei einem kleinen Spiegel. Außerdem wird das Sonnenlicht im Regentropfen selbst gebrochen, abgelenkt. Dabei werden die verschiedenen Farben des Sonnenlichts, die verschiedenen Wellenlängen, unterschiedlich stark abgelenkt. Somit erscheint das Sonnenlicht bei Dir im Auge nicht mehr weißlich gelb gebündelt, sondern ist aufgespalten in die Farben Rot, Orange, Gelb, Grün, Blau und Violett – die Regenbogenfarben. Jeder Regentropfen spaltet das Sonnenlicht in seine Bestandteile – so entsteht das Band eines Regenbogens. Manchmal sieht man neben dem Regenbogen einen schwächer zu erkennenden Nebenregenbogen. Hier ist die Farbabfolge genau andersherum als beim kräftigeren Hauptregenbogen. Hier wird das Licht zweimal reflektiert, deshalb ist beim Nebenregenbogen die blaue Farbe außen und die rote Farbe innen.

Manchmal kommt es auch vor, dass man gleich zwei Regenbogen zu sehen bekommt. Ein prächtiges Schauspiel! Wenn Du genau hinschaust, siehst Du, dass die Reihenfolge der Farben genau umgekehrt ist.

Was am Himmel im Großen passiert, geschieht an diesem Springbrunnen im Kleinen: Sonnenstrahlen werden in den Wassertropfen in ihre Farbbestandteile aufgespalten und bilden einen Regenbogen.

Bei Wasserfällen oder in Gärten kannst Du ebenfalls manchmal Regenbögen entdecken – wenn Du den Wasserschlauch geschickt hältst, erscheint auch dann ein Regenbogen. Allerdings ist er nicht ganz so groß wie richtige Regenbögen.

Schnee ist kristall-
förmiges Wasser.
Aber diese einfache
Erklärung verhindert
nicht, dass so ein
eingeschneiter
Winterwald einfach
herrlich aussieht.

Wann gibt es Schnee?

Natürlich im Winter! Im Prinzip ist Schnee einfach nur Wasser im ge-
frorenen Zustand. Er besteht aus kleinen Eiskristallen, die sich zu den
schönen, weißen Flocken zusammensetzen, die Du kennst.

Wasser gibt es nämlich in drei sogenannten Aggregatzuständen:
flüssig, wie es aus dem Wasserhahn kommt, gasförmig, also als Wasserdampf, wie er in unseren Wolken gespeichert ist, und fest, als Eiskristalle.

Der Aggregatzustand des Wassers ändert sich mit der Temperatur.
Wenn es kocht, verdampft Wasser zu Wasserdampf. Wie bei Mama in
der Küche, wenn sie Wasser für Nudeln aufgesetzt hat. Das geschieht
bei genau 100 Grad Celsius.

Wer liebt es nicht,
im Schnee zu
spielen? Schnee-
ballschlachten,
Schneemänner
bauen, rodeln, Ski
fahren oder einfach
sich ins weiße Glück
purzeln zu lassen:
Der Winter kann
so schön sein!

Schlitten gleiten durch ihre Kufen auf dem Schnee. Mit solchen Hunden davor kann man dabei richtig schnell werden!

Wasser kann aber auch gefrieren. Das passiert bei genau null Grad Celsius, dem Gefrierpunkt. Bei dieser Temperatur und darunter gibt es Wasser nur noch in fester Form, also als Eis. Deshalb schneit es auch nur im Winter, wenn es richtig kalt ist. Und nur wenn es so kalt ist, bleibt der Schnee auch liegen. Manchmal schneit es zwar aus den Wolken, aber wenn der Erdboden noch warm ist, dann schmelzen die Schneeflocken sofort wieder.

Sind weiße Weihnachten normal?

Jedes Jahr hoffen wir aufs Neue, dass es an Heiligabend schneit. Aber in Nord- und West-deutschland ist eine weiße Weihnacht eher die Ausnahme, normalerweise sind hier die Winter nicht so schneereich und kalt; vor allem noch nicht Ende Dezember. Es muss sich wirklich schon eine besondere Wetterlage zusammen-brauen, damit auch hier am 24. Dezember Schnee fällt. In Süddeutschland und in den Mittelgebirgen sieht es schon deutlich besser aus, hier liegen die Chancen meist über 80 Prozent.

Vom Schnee leben viele Gemeinden in den Bergen, denn er zieht Wintersportler an, die eine Menge Geld für das Vergnügen bezahlen, Ski fahren zu können

Schnee ist einzigartig. Besser gesagt, jede Schneeflocke ist einzigartig. Denn Schnee besteht aus sechseckigen Eiskristallen. Sie sehen aus wie kleine Sterne. Schneeflocken sind ganz viele in sich verhakte Eiskristalle. Und bei jeder Schneeflocke sind die Eiskristalle anders angeordnet, deshalb sieht jede Schneeflocke wirklich anders aus. Wenn es schneit, strecke Deine Hand aus und schau Dir die Flocken, die auf Deine Hand fallen, genau an; Du wirst große Unterschiede bemerken. Dabei hängt die Form einer Schneeflocke von der Wolke ab, aus der sie herausfällt: in welcher Höhe sich die Wolke befindet, welche Temperatur dort herrscht und welchen Wassergehalt sie hat.

Schnee fällt mit rund vier Kilometern pro Stunde ziemlich langsam, mittelgroße Regentropfen erreichen uns mit etwa 20 Kilometern pro Stunde

Zudem gibt es sehr unterschiedlichen Schnee. Der eine ist gut
zum Schneemannbauen und um
Schneeballschlachten zu machen,
denn er ist sehr pappig. Und dann
gibt es noch richtigen Pulverschnee, der perfekt zum Skifahren
ist. Solcher Pulverschnee entsteht,
wenn es extrem kalt ist. Dann sind
die Schneeflocken sehr klein, und
der Schnee ist trocken. Pappiger
Schnee entsteht hingegen, wenn
die Temperaturen nur knapp unter
null Grad Celsius liegen. Dann bilden sich große Flocken, die eine sehr
nasse, schwere Schneedecke produzieren.

Dieser schwere, nasse Schnee kann manchmal gefährlich werden.
Wenn es richtig viel schneit, über Tage hinweg, und sich eine ganz dicke
Schneedecke bildet, dann können Flachdächer einstürzen. Denn die Last
des Schnees ist dann so groß, dass so ein Dach das nicht mehr halten
kann. Deshalb schippen manchmal Männer im Winter dicke Schaufeln
Schnee von Dächern, damit das Gewicht dort nicht zu hoch wird.

Was ist die Windchill-Temperatur?

Im Winter gibt es nicht nur Schnee, sondern manchmal auch
einen eisig kalten, schneidenden Wind. Wenn Eule Xabi
dann draußen unterwegs ist, fühlt sie sich wie ein Eskimo
und will am liebsten eine Gesichtsmaske tragen, weil es so
eisig ist. Das liegt daran, dass normalerweise über der Haut
eine ganz dünne Luftschicht liegt, die uns vor der Kälte
schützt. Wenn es aber im Winter sehr windig ist, wird diese
Luftschicht weggeblasen, und die Haut ist empfindlicher
gegenüber der Kälte; dann frieren wir leichter.
Diese gefühlte Temperatur, die man auch
Windchill-Temperatur nennt, kann man
nicht messen. Es gibt aber eine Formel,
mit der man ausrechnen kann, wie kalt
es sich bei dem oder jenem Wind draußen
anfühlt. Das kannst Du manchmal im
Winter im Wetterbericht hören oder sehen.

Da Schnee ja nichts
anderes als Wasser
im festen Zustand
ist, kann es ein
hohes Gewicht
haben. Um die
Skipisten für den
Wintersport vorzu-
bereiten, braucht
man daher schweres
Gerät.

Die Windgeschwindigkeiten in einem Tornado sind enorm hoch. Darum richten diese Wirbelstürme so schwere Schäden an.

Was ist der Unterschied zwischen Hurrikans und Tornados?

Hurrikans sind gefährliche tropische Wirbelstürme. Sie sind sehr großflächig und können einen Durchmesser von mehreren hundert Kilometern haben. Es handelt sich also um riesige Stürme mit enormen Ausmaßen. Sie entstehen über dem warmen Meer, wenn das Wasser mindestens eine Temperatur von 27 Grad Celsius hat. Deshalb gibt es die sogenannte Hurrikansaison. Sie geht von Juni bis November. Nur dann ist der Atlantik so warm. Zudem muss es heftige Gewitter und große Temperatur- und Windrichtungsunterschiede zwischen dem Meer und der Höhe geben. Dann kann ein Hurrikan entstehen. Er holt sich die Energie aus dem warmen Meer und wächst und wächst. Dafür braucht er manchmal über eine Woche. Die Luft im Ge-

Von Willy-Willys und Zyklonen

Als Hurrikan bezeichnet man tropische Wirbelstürme, die sich über dem Atlantik bilden. Willy-Willys sind tropische Wirbelstürme, die vor der Küste Australiens entstehen. Dann gibt es noch Taifune. Sie haben ihre Heimat im Pazifik, treten also in Asien auf. Als Letztes sind da noch Zyklone. Sie bilden sich über dem Indischen Ozean. All diese tropischen Wirbelstürme entstehen ähnlich, sind gleich gefährlich und erreichen sehr hohe Windgeschwindigkeiten. Sie heißen nur unterschiedlich, je nachdem, wo sie auftreten.

witter wird durch die unterschiedlichen Winde zum Rotieren gebracht. So entstehen der Wolkenwirbel des Hurrikans und das sogenannte „Auge". Das ist die Mitte des Sturmes, um die sich alles dreht. Auf Satellitenbildern kann man dieses Auge sehr schön als schwarzen Punkt in der Mitte der Wolken des Hurrikans erkennen. Am Rande des Auges werden die höchsten Windgeschwindigkeiten erreicht. Hier können Windspitzen von über 200 Kilometern pro Stunde erreicht werden, die sehr zerstörerisch sind. Im Auge selbst dagegen ist es fast windstill.

Hier trifft ein Hurrikan mit voller Wucht auf eine Küstenstadt. Man nennt das „Landfall".

Wenn ein Hurrikan das Festland erreicht, nennt man das „Landfall". Die Bewohner der Region, in der der Hurrikan an Land geht, werden rechtzeitig evakuiert, also woanders in Sicherheit gebracht. Neben großen Verwüstungen bringt ein Hurrikan sehr viel Regen, manchmal in zwei Tagen so viel, wie bei uns in einem halben Jahr fällt. Wenn der Hurrikan dann landeinwärts zieht, schwächt er sich ab, weil ihm seine Energiequelle fehlt, das warme Meer. Er kann aber noch tagelang starken Regen bringen, bis er sich zu einem „normalen" Tiefdruckgebiet abgeschwächt hat.

Das Satellitenbild lässt erahnen, wie sich der Hurrikan um sein sogenanntes Auge dreht, das Du hier als schwarzes „Loch" im Zentrum des Sturms siehst

Die Tornado-Gasse

Tornado-Alley bedeutet übersetzt „Tornado-Gasse". Das ist eine Region in den USA, genauer gesagt im Süden und Mittleren Westen, wo sehr häufig Tornados auftreten, häufiger als anderswo. Bis zu 800 Tornados im Jahr kann es hier geben. Vor allem die US- Bundesstaaten Oklahoma, Kansas, Missouri, Nebraska und South Dakota sind betroffen.

Sogenannte Tornado-Jäger versuchen, möglichst spektakuläre Fotos der Stürme zu schießen – ein nicht ganz ungefährliches Unterfangen!

Tornados hingegen entstehen über dem Festland. Auch hier sind heftige Gewitterfronten die Ursache. Zu Tornados kommt es, wenn sehr warme, feuchte Luft auf deutlich kältere, trockene Luft trifft. Die Luft fängt durch die großen Temperaturunterschiede an, sich zu drehen, und am unteren Ende einer Gewitterwolke bildet sich dadurch ein Schlauch. Als Tornado bezeichnet man den Schlauch aber erst, wenn er den Boden berührt. Nur dann ist er gefährlich und kann große Zerstörungen anrichten. Richtig schlimme Tornados gibt es hauptsächlich in Amerika. Aber auch in Deutschland treten immer mal wieder diese auch Windhosen genannten Stürme auf.

Die Saffir-Simpson-Skala stuft Hurrikans nach ihrer Stärke ein und beginnt bei Windstärke 12, also Windgeschwindigkeiten von 118 Kilometern pro Stunde (km/h). Das entspricht bereits Orkanstärke.

Die Saffir-Simpson-Kategorien	1	2	3	4	5
Windgeschwindigkeit	118 bis 153 km/h	154 bis 177 km/h	178 bis 210 km/h	211 bis 249 km/h	über 249 km/h
Höhe der Sturmflut	1,2 bis 1,5 Meter	1,8 bis 2,4 Meter	2,7 bis 3,6 Meter	3,9 bis 5,4 Meter	über 5,4 Meter
Folgen	**Gering:** Schäden an Hafenanlagen, Straßen und Bäumen	**Mäßig:** entwurzelte schwache Bäume, aus Halterung gerissene Wegweiser, Küstenstraßen unter Wasser	**Erheblich:** Bäume- und Leitungsmasten am Boden, zerstörte Wohnmobile, Gefahr durch umherfliegende Trümmer	**Außergewöhnlich:** zerstörte Dächer, Türen, Fenster, Lebensgefahr auf drei Kilometern Küstenbreite	**Katastrophal:** Häuser stürzen ein, Lebensgefahr auf 16 Kilometern Küstenbreite

Der Schlauch eines Tornados wirkt wie ein Riesenstaubsauger. Er saugt alles in sich hinein, was ihm in den Weg kommt, damit macht er ganz viel kaputt. Tornados bilden sich recht schnell und sind auch rasch wieder vorüber, meist halten sie nicht länger als 30 Minuten, aber das reicht für große Zerstörung. Häufig treten Tornados in Amerika in Gruppen auf, sie hinterlassen eine Schneise der Verwüstung. Es muss nicht immer regnen, wenn Tornados unterwegs sind, das ist bei Hurrikans anders – dort wird man auf alle Fälle sehr nass. Tornados erreichen zum Teil zwar noch höhere Windgeschwindigkeiten als Hurrikans, aber sie sind vergleichsweise klein. Ihr Durchmesser beträgt nur ein paar hundert Meter.

Tornados hinterlassen eine Schneise der Zerstörung, kosten viele Menschen das Leben und machen noch mehr obdachlos

Hier siehst Du, wie ein Tornado entsteht

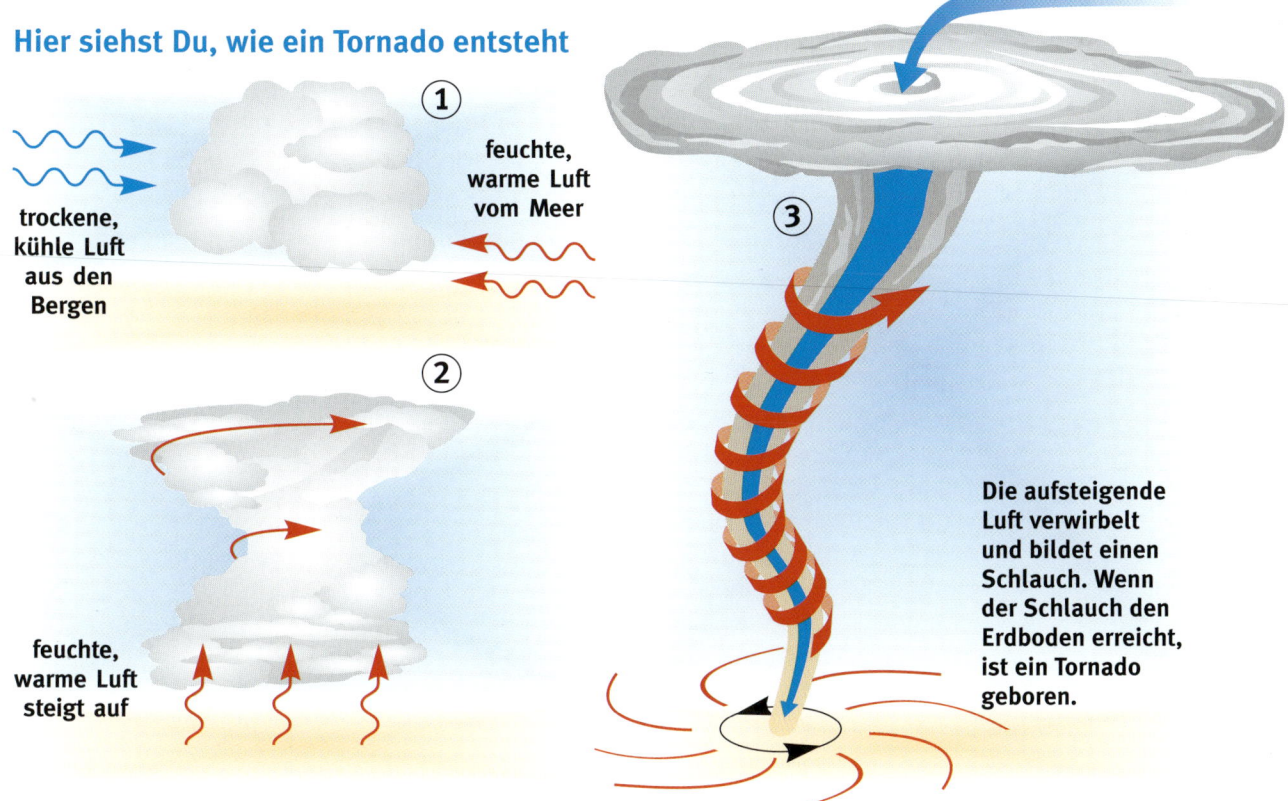

① trockene, kühle Luft aus den Bergen

feuchte, warme Luft vom Meer

② feuchte, warme Luft steigt auf

③

Die aufsteigende Luft verwirbelt und bildet einen Schlauch. Wenn der Schlauch den Erdboden erreicht, ist ein Tornado geboren.

Jede Jahreszeit
kann schön sein!

Warum gibt es Jahreszeiten?

Auch hier ist die Sonne mal wieder der Verursacher von allem. Die Erde dreht sich um die Sonne und um sich selbst. Durch diese Drehung entstehen Tag und Nacht und das Jahr. Die Erde braucht nämlich 24 Stunden, um sich ein Mal um sich selbst zu drehen. Also genau einen Tag. Dreht sich der Teil der Erde, wo Du bist, von der Sonne weg, so wird es bei Dir Nacht, und es ist dunkel. In dieser Zeit bescheint die Sonne die andere Hälfte der Erdkugel. Zum Morgen hin scheint sie wieder auf unsere Erdhälfte, und es wird hell. Du kannst das mit einem kleinen Experiment ausprobieren: Nimm Dir mal einen Globus oder einfach einen Ball und eine Taschenlampe und geh in einen abgedunkelten Raum.

Frühlingsanfang

Warum ist manchmal am 20. März, im nächsten Jahr dann wieder am 21. März Frühlingsanfang? Weil die Erde für die Umrundung der Sonne genau 365,25 Tage und nicht 365 Tage braucht. Deshalb gibt es alle vier Jahre ein Schaltjahr, also ein Jahr mit einem zusätzlichen Tag, und die Jahreszeiten beginnen manchmal einen Tag früher oder später.

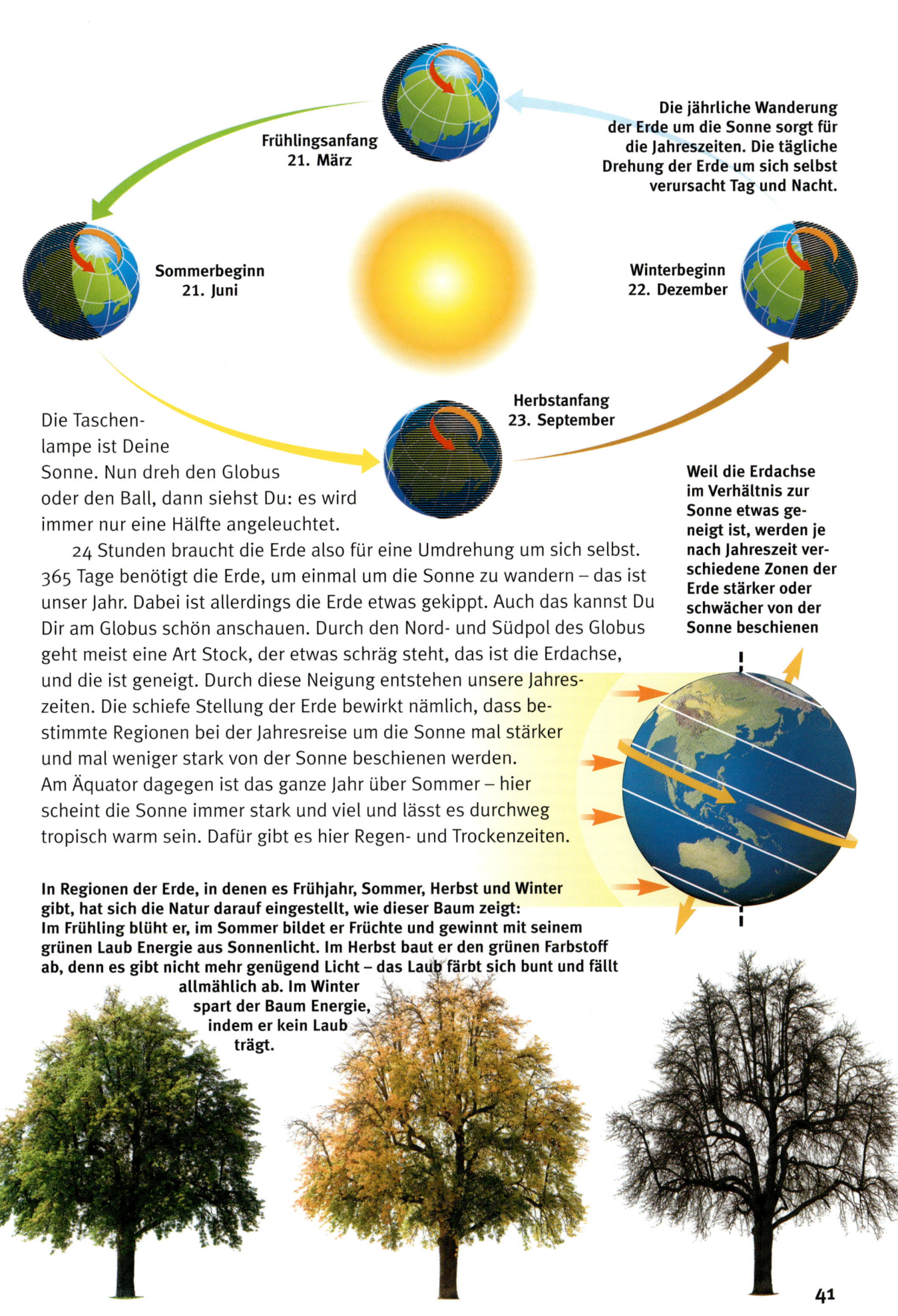

**Frühlingsanfang
21. März**

**Sommerbeginn
21. Juni**

**Winterbeginn
22. Dezember**

Die jährliche Wanderung der Erde um die Sonne sorgt für die Jahreszeiten. Die tägliche Drehung der Erde um sich selbst verursacht Tag und Nacht.

**Herbstanfang
23. September**

Die Taschenlampe ist Deine Sonne. Nun dreh den Globus oder den Ball, dann siehst Du: es wird immer nur eine Hälfte angeleuchtet.

24 Stunden braucht die Erde also für eine Umdrehung um sich selbst. 365 Tage benötigt die Erde, um einmal um die Sonne zu wandern – das ist unser Jahr. Dabei ist allerdings die Erde etwas gekippt. Auch das kannst Du Dir am Globus schön anschauen. Durch den Nord- und Südpol des Globus geht meist eine Art Stock, der etwas schräg steht, das ist die Erdachse, und die ist geneigt. Durch diese Neigung entstehen unsere Jahreszeiten. Die schiefe Stellung der Erde bewirkt nämlich, dass bestimmte Regionen bei der Jahresreise um die Sonne mal stärker und mal weniger stark von der Sonne beschienen werden. Am Äquator dagegen ist das ganze Jahr über Sommer – hier scheint die Sonne immer stark und viel und lässt es durchweg tropisch warm sein. Dafür gibt es hier Regen- und Trockenzeiten.

Weil die Erdachse im Verhältnis zur Sonne etwas geneigt ist, werden je nach Jahreszeit verschiedene Zonen der Erde stärker oder schwächer von der Sonne beschienen

In Regionen der Erde, in denen es Frühjahr, Sommer, Herbst und Winter gibt, hat sich die Natur darauf eingestellt, wie dieser Baum zeigt: Im Frühling blüht er, im Sommer bildet er Früchte und gewinnt mit seinem grünen Laub Energie aus Sonnenlicht. Im Herbst baut er den grünen Farbstoff ab, denn es gibt nicht mehr genügend Licht – das Laub färbt sich bunt und fällt allmählich ab. Im Winter spart der Baum Energie, indem er kein Laub trägt.

Viele heimische Vögel ziehen im Herbst in wärmere Regionen und kehren im Frühjahr zurück

Im Sommer lässt es sich an Nord- und Ostsee prima aushalten!

Wir hier in Deutschland bekommen im Sommer mehr Sonnenenergie ab, und es ist schön warm bei uns. Die Sonne steht sehr hoch am Horizont, und die Tage sind lang. Im Winter dagegen wird es schnell dunkel und erst spät am Morgen wieder hell. Außerdem schafft es die Sonne nur knapp über den Horizont.

Um den 21. März herum ist ein besonderer Tag. Dann steht die Sonne am Äquator genau senkrecht über den Köpfen der Menschen. Es entstehen keine Schatten. Bei uns ist dann Frühlingsanfang, und der Tag ist genauso lang wie die Nacht, nämlich zwölf Stunden. Bis zum 21. Juni wandert nun die Sonne in Richtung des nördlichen Wendekreises – die Nordhalbkugel wird mehr von der Sonne beschienen als die Südhalbkugel. Bei uns ist dann Sommer, und die Tage sind lang. Am 21. Juni ist die sogenannte Sommersonnenwende. Wir haben den längsten Tag im Jahr, und die Sonne steht am höchsten am Horizont. Nun werden ganz allmählich die Tage wieder kürzer. Zum Herbstanfang um den 23. September herum ist der Tag wieder genauso lang wie die Nacht.

Bei Vollmond anderes Wetter?

Was hat der Mond mit dem Wetter zu tun? Gar nichts. Es gibt die Bauernweisheit: „Bei Vollmond ändert sich das Wetter." Das ist aber nicht so. Überall auf der Welt ist am gleichen Tag Vollmond. Das würde ja bedeuten, überall ändert sich das Wetter an diesem Tag. Ebbe und Flut haben etwas mit dem Mond zu tun, aber nicht das Wetter.

Die Sonne steht nun erneut senkrecht über dem Äquator und macht wieder keine Schatten. Am 21. Dezember ist Winteranfang, der kürzeste Tag des Jahres ist angebrochen, und die Sonne ist zum südlichen Wendekreis gewandert, wir haben die Wintersonnenwende. Das heißt, auf der Südhalbkugel ist nun Sommer und bei uns Winter.

Das Wetter hält sich nicht immer an diese Daten, aber im Allgemeinen haben wir hier in Deutschland drei Monate Frühling, drei Monate Sommer, drei Monate Herbst und drei Monate Winter. Und dann ist ein Jahr vorbei.

Wir Meteorologen lassen die Jahreszeiten immer am ersten Tag des Monats beginnen. Das macht das Rechnen einfacher. Also ist am 1. März meteorologischer Frühlingsanfang, am 1. Juni Sommer-, am 1. September Herbst- und am 1. Dezember Winteranfang. Das machen wir, damit man die Jahreszeiten der letzten Jahre besser miteinander vergleichen kann, da ja manche Monate 30 Tage und andere Monate 31 Tage lang sind und das für die Sonnenscheindauer schon von Bedeutung sein kann.

Welche Jahreszeit diesem Fahrrad so übel mitgespielt hat, wirst Du sicher erraten ...

Die Abgase, die der Mensch produziert, verändern unser Klima

Was ist der Klimawandel?

Wie Du schon am Anfang des Buches erfahren hast, schützt die Atmosphäre der Erde uns vor dem Auskühlen, sodass Leben auf unserem Planeten überhaupt möglich ist. Der natürliche Treibhauseffekt sorgt dafür, dass es angenehm warm ist und wir im Großen und Ganzen nicht frieren müssen. Aber da gibt es noch den Treibhauseffekt, der von uns Menschen gemacht wird: Wir verpesten unsere Umwelt mit dem Verbrennen von Kohle, Erdöl und Erdgas und verstärken damit den natürlichen Treibhauseffekt. Das dadurch entstehende Kohlendioxid legt sich wie eine Mütze über unsere Atmosphäre. Dadurch wird es von Jahr zu Jahr weltweit gesehen wärmer. Man nennt das: die globale Erderwärmung. „Global" bedeutet „weltweit".

Sterben die Eisbären aus?

Eisbären leben in der Arktis. Wenn es dort immer wärmer wird, schmilzt das Eis. Eisbären brauchen das Eis aber, weil sie darauf nach Robben jagen. Wenn es wirklich so warm würde, dass es kein Eis mehr am Nordpol gäbe, dann wäre die Lebensgrundlage der Eisbären gefährdet, und sie würden wahrscheinlich in der Natur aussterben.

Die globale Erderwärmung begann durch die Industrialisierung im vergangenen Jahrhundert. Also letztendlich dadurch, dass es den meisten Menschen auf der Welt immer besser ging. Durch die Förderung von Erdöl und Erdgas und den Kohleabbau stand mehr Energie zur Verfügung, die das Leben der Menschen besser machte. Aber ihre Produktion, also das Verbrennen der sogenannten fossilen Brennstoffe Öl, Gas und Kohle, verpestet unsere Atmosphäre zunehmend. Es gelangt immer mehr Kohlendioxid in die Atmosphäre. Dieses Gas gibt es schon von Natur aus in unserer Atmosphäre, aber nur in minimalen Teilen. Durch uns Menschen gelangt nun unnatürlich viel Kohlendioxid in die Atmosphäre. Kohlendioxid hat die Eigenschaft, Wärme zu speichern. Wenn es mehr Kohlendioxid gibt, wird auch mehr Wärme gespeichert, und das heißt, bei uns wird es immer wärmer.

Weltweit steigende Temperaturen führen dazu, dass die Gletscher immer weiter abschmelzen

Wenn sich Wände aus Eis erwärmen, können haushohe Blöcke abbrechen und gefährlich hohe Wellen verursachen

Wissenschaftler vermuten: Wenn wir nicht schnell etwas tun, kann es sein, dass in rund 100 Jahren die Temperatur auf der Erde durchschnittlich um zwei Grad Celsius angestiegen ist. Das klingt nicht nach viel, aber es hätte gefährliche Folgen. Dann würden große Teile des Nord- und Südpols abschmelzen, der Meeresspiegel ansteigen, Inseln und Küsten überflutet. Außerdem können viele Tier- und Pflanzenarten bei höheren Temperaturen nicht mehr existieren und sterben aus. Beispielsweise gehen dann riesige Korallenriffe zugrunde. Zudem wird das Wetter extremer: Wenn es wärmer wird, verdunstet mehr Wasserdampf in die Atmosphäre, und es bilden sich mehr Wolken. Daraus können sich dann heftigere Gewitter bilden, die Anzahl der Tornados und Hurrikans steigt, Überschwemmungen treten häufiger auf. Es können also eine Menge unangenehme Dinge passieren, wenn es auf der Erde wärmer wird, als das eigentlich der Fall sein sollte.

Fällt in kurzer Zeit sehr viel Regen, können verheerende Überschwemmungen die Folge sein. Die Regenmenge wird in „Millimeter pro Quadratmeter" oder in „Liter pro Quadratmeter" angegeben.

Das sind alles Überlegungen und Vorstellungen einiger Wissenschaftler. Wir wissen ehrlich gesagt gar nicht genau, wie groß der Einfluss des Menschen auf unser Wetter und damit das Klima ist. Es könnte auch passieren, dass irgendwo auf der Erde ein großer Vulkan ausbricht und so viel Lava spuckt, dass eine riesige Rauchwolke entsteht. Die Sonne kann uns dann nicht mehr mit ihren Sonnenstrahlen wärmen, und es wird schlagartig kalt. In der Erdgeschichte gesehen meine ich „schlagartig" – das bedeutet, es wird mehrere hundert oder tausend Jahre dauern. Ob das einmal passiert, wissen wir nicht; es wird allerdings vermutet, dass so die Dinosaurier ausgestorben sind.

Wüsten breiten sich auf unserem Planeten immer weiter aus

Es kann auch sein, dass ein riesiger Meteorit, ein Gesteinsbrocken aus dem Weltall, auf der Erde eingeschlagen ist und sich damit das Klima veränderte, sodass die Dinosaurier ausstarben. Wir wissen es nicht genau und wissen auch nicht, was uns die Zukunft bringt.

Es ist aber völlig klar, dass es dringend nötig ist, dass wir Menschen sorgfältiger mit unserem Klima umgehen und nicht so viel Kohlendioxid produzieren. Dafür kann jeder einzelne von uns etwas tun: Zum Beispiel Energie sparen. Mal dran denken, das Licht auszumachen, wenn man ein Zimmer verlässt, oder das Wasser nicht unnötig laufen lassen. Wenn das alle machen würden, wäre schon viel geholfen.

Aber ob die ganzen Klimavorhersagen einiger Wissenschaftler wirklich eintreffen werden, das weiß niemand. Es wird viel geforscht und es gibt riesige Computer, mit denen wir hunderte Jahre in die Zukunft schauen und vorhersehen wollen, wie das Wetter dann sein wird. Die Wissenschaft ist dabei auch schon viel besser geworden. Aber wir Meteorologen können ja manchmal nicht einmal das Wetter von morgen vorhersehen, weil das Tief doch etwas langsamer war, als es das Vorhersagemodell berechnet hatte. Wie sollen es dann Klimaforscher schaffen, das Wetter und Klima für in 100 Jahren vorherzusehen? Das ist wirklich sehr schwer und mit vielen „wenn und aber" behaftet. Und leider wird im Fernsehen und Radio das Thema Klima auch sehr verzerrt dargestellt und manchmal sehr übertrieben. Klar ist einfach: Wir müssen auf unser Klima achten und dürfen nicht unnötig Energie verschwenden, sonst wird es immer wärmer auf unserer Erde, und das hätte schwerwiegende Folgen.

Hier hat ein schlimmes Unwetter einen ganzen Flughafen überflutet

Wälder sind die grüne Lunge der Erde und stabilisieren das Weltklima. Werden sie abgeholzt, hat das fatale Wirkungen auf das Klima.

Welche Naturkatastrophen gibt es?

Naturkatastrophen sind gewaltige Ereignisse auf der Erde, die uns Menschen bedrohen und gegen die wir auch in unserer modernen Welt nichts tun können. Dabei gibt es sehr unterschiedliche Naturkatastrophen.

Erdbeben und Tsunamis haben in den vergangenen Jahren hunderttausende Todesopfer gefordert, allein in Südostasien, Japan und Haiti. Um zu verstehen, wie sie entstehen, müssen wir uns erst einmal unsere Erde etwas genauer anschauen.

Unsere Erde ist eine Kugel; bis zum Erdmittelpunkt sind es etwa 6.400 Kilometer. Die Erde besteht aus drei Teilen: dem Erdkern, dem Erdmantel und der Erdkruste. Im Erdkern, der hauptsächlich aus Eisen zusammengesetzt ist, ist es sehr heiß, etwa 5.500 Grad Celsius.

Steigen aus einem Vulkan noch viel größere Aschewolken auf als hier, kann es passieren, dass weniger Sonnenlicht die Erde erreicht und das Klima sich langsam abkühlt

Nach außen hin kühlt es sich ab, aber auch der Erdmantel besteht noch aus flüssigem Magma, einer Mischung aus Eisen, Nickel, Sauerstoff, Schwefel und Silizium. Die Erdkruste ist schon fest, hier ist es längst nicht mehr so warm wie im Erdkern. Sie ist sozusagen die Haut der Erde. Aber wie die Haut der Menschen ist sie vergleichsweise dünn. Diese Erdkruste besteht aus einzelnen riesig großen Platten. Diese Platten reiben aneinander oder schieben sich übereinander. Dadurch entstehen Erd- oder Seebeben. Die Erde fängt an zu wackeln, weil sich zum Beispiel eine Platte unter die andere schiebt. Seebeben sind Erdbeben im Meer, häufig spürt man sie nicht allzu sehr, es sei denn sie lösen gefährliche Tsunamiwellen aus. Dabei können viele Menschen getötet werden, und sehr viel wird zerstört. Mittlerweile gibt es aber zum Glück Frühwarnsysteme im Meer und auf dem Land. Wenn es nur ein bisschen anfängt zu wackeln, dann können Wissenschaftler das auf ihren Messgeräten sehen und die Menschen vorwarnen, die in der betroffenen Region leben. So kann man vor den Folgen oft rechtzeitig warnen, wie zum Beispiel vor riesigen Tsunamiwellen. Außerdem werden Häuser in Erdbebengebieten anders gebaut, sodass sie bei Erdbeben mitwackeln, statt einfach umzufallen.

Türmen sich die Wellen dieser Sturmflut noch höher auf, ist der gesamte Hafen bedroht

Bild links unten: Hier schiebt sich eine Erdplatte über die andere. Das kann Erd- und Seebeben auslösen. Auch Vulkanausbrüche sind an solchen Stellen nicht selten.

Aufbau der Erde
Erdkruste
Erdkern
Erdmantel

Ein Vulkanausbruch sieht zwar spektakulär aus, kann aber für die Menschen, die am Fuß des Berges leben, verheerende Folgen haben

Kann man auf einem Vulkan Eier braten?

Heiß genug ist es dort auf alle Fälle, vor allem dann, wenn der Vulkan ausbricht. Da kommt sehr heiße Lava aus dem Vulkan heraus, die langsamer oder schneller den Berg herunterfließt und dabei abkühlt. Zunächst ist sie glühend heiß und sieht aus wie die Glut in einem Kamin. Wenn sie dann kälter wird, ist die Lava nur noch schwarzes Gestein. Zum Beispiel auf Lanzarote gibt es ein Restaurant, in dem das Essen tatsächlich über einem ehemaligem Vulkanloch gegrillt wird.

Wenn Vulkane ausbrechen, können sie das Wetter drastisch verändern, weil viel Asche in die Atmosphäre gelangt und die Sonnenstrahlen kaum noch durchlässt.

Auch Vulkanausbrüche zählen zu den großen und gefährlichen Naturkatastrophen. Hunderte Jahre kann so ein Vulkan als großer Berg vor
sich hin schlummern. Und plötzlich bricht er aus. Zwei Erdkrustenplatten
sind aufeinandergestoßen und drücken sich gegenseitig nach oben,
ähnlich wie bei einem Erdbeben. Es entsteht ein Bruch in der
Erdkruste, und Magma, flüssige Erdbestandteile aus dem Erd-
inneren, wird als Lava mit großer Kraft an die Erdoberfläche
geschleudert. Der Vulkan „spuckt", und es entstehen riesige
Aschewolken. Diese Naturkatastrophen haben also etwas
mit der Erdge-
schichte zu
tun.

**Waldbrände kom-
men oft dadurch
zustande, dass nach
langer Trockenzeit
ein Blitz einschlägt**

**Hier trifft glühende
Lava auf das Wasser
des Ozeans, das
zischend verdampft**

Dieses Zeltlager ist buchstäblich ins Wasser gefallen

Dann gibt es noch Naturkatastrophen, die auf das Wetter zurückzuführen sind. Dazu gehören schlimme Hurrikans, Tornados, Gewitter, Orkane, Überschwemmungen, Hochwasser und Dürre, also lange Trockenheit. Auch bei ihnen sind wir Menschen manchmal machtlos. Wir können zwar Vorsichtsmaßnahmen treffen, uns zum Beispiel vor einem Hurrikan ins Landesinnere retten, wo dieser Monstersturm nicht mehr so heftig wütet, aber letztendlich richten solche Katastrophen irgendwo immer ihr Unheil an.

Bei Tornados ist es noch schwieriger, sich in Sicherheit zu bringen, da schwer vorherzusagen ist, wo genau diese heftigen kleinen Stürme auftreten. Es gibt bestimmte Regionen auf der Erde, wie Du ja schon gelesen hast, in denen es häufiger zu Tornados kommt, aber wo sie sich letztendlich bilden, ist kaum zu berechnen.

Bild im Hintergrund: In vielen Gebieten der Erde fällt immer weniger Regen. Das führt dazu, dass der Boden austrocknet. Die fruchtbare Humusschicht wird vom Wind weggeblasen, zurück bleibt unfruchtbare Wüste.

Hält eine Dürreperiode länger an, kann die gesamte Ernte der betroffenen Region ausfallen. Dann drohen Hungersnöte.

Gewitter und Orkane können auch uns in Deutschland bedrohen, aber meistens sind sie nicht so gefährlich wie beispielsweise Hurrikans. Dennoch führen sie zu Überschwemmungen oder Hochwasser. Flüsse können über die Ufer treten, Keller können volllaufen. Das Wasser ist schwer aufzuhalten. Es gibt zwar Talsperren und Deiche, die eine Menge Wasser fassen, aber manchmal reicht selbst das nicht aus. Und auch Sandsäcke vor den Türen und Fenstern können das Wasser manchmal nicht stoppen.

Nun kommen wir zur letzten Gruppe der Naturkatastrophen. Zu ihr gehören Waldbrände, Heuschreckenplagen oder Termitenbefall (das sind Insekten, die in extremen Massen auftreten und durch ihr Fressverhalten viel kaputt machen), Meteoriteneinschläge (dicke Gesteinsbrocken, die aus dem Weltall auf die Erde fallen), Lawinen, Erdrutsche und Bergstürze, die im Gebirge auftreten. Auch bei fast all diesen Katastrophen kann allerdings das Wetter eine Rolle spielen: Dauerregen löst Erdrutsche aus, Lawinen lösen sich, wenn gigantische Schneeplatten anfangen zu schmelzen, Waldbrände entstehen bei extremer Dürre, und Heuschreckenplagen werden durch bestimmte Klimabedingungen begünstigt.

Allgemein treten aber zum Glück Naturkatastrophen nur sehr selten auf, wir müssen also nicht ununterbrochen Angst davor haben. Aber nun weißt Du, welche es gibt und was man vielleicht tun kann, um sich zu schützen.

Diese furchtbaren Schäden hat ein verheerendes Erdbeben angerichtet. Erdbeben zählen ebenso wie Vulkanausbrüche zu denjenigen Naturkatastrophen, die nicht mit dem Wetter in Zusammenhang stehen.

Was ist ein Epizentrum?

Das ist der Startpunkt eines Erdbebens an der Erdoberfläche. Tief in der Erde fängt es heftig an zu wackeln, dort wo die Platten aneinander reiben oder sich übereinander schieben. Das Epizentrum ist der Erdbebenherd, hier wackelt es an der Erdoberfläche am stärksten.

Jetzt kennst Du Dich prima mit dem Wetter aus und kannst Deinen Freunden und Verwandten viel Faszinierendes darüber erzählen. Möchtest Du einmal Dein Wissen testen? Dann kreuze bei jeder Frage die Antwort mit Bleistift an, die Du für richtig hältst. Auf Seite 56 findest Du die korrekten Antworten. Viel Spaß!

1) Wie heißen die „Wetterfrösche" in der Fachsprache?

a) Meteorolügner .... ◯
b) Meteorologen .... ◯
c) Wettermacher .... ◯

2) Wie warm ist es auf unserer Erde im Durchschnitt?

a) 15 Grad Celsius .... ◯
b) 20 Grad Celsius .... ◯
c) null Grad Celsius .... ◯

3) Was ist der natürliche Treibhauseffekt?

a) Wenn die Kühe richtig schlechte Luft machen ◯
b) Wenn die Atmosphäre Sonnenenergie speichert .... ◯
c) Wenn die Pflanzen im Garten so stark austreiben, dass das ganze Haus zuwächst .... ◯

Auch bei Schnee und Eis sorgt ein Leuchtturm dafür, dass keine Schiffe auf Felsen im Wasser laufen

4) Wie lang braucht die Erde, um sich ein Mal um sich selbst zu drehen?

a) ein Jahr .... ◯

b) eine Stunde .... ◯

c) einen Tag .... ◯

5) Wie lang dauert ein Polartag höchstens?

a) einen Tag .... ◯

b) zwei Tage .... ◯

c) ein halbes Jahr .... ◯

6) Wie drehen sich Hochdruckgebiete bei uns?

a) Im Uhrzeigersinn .... ◯

b) Gegen den Uhrzeigersinn .... ◯

c) Von Norden nach Süden .... ◯

7) Woraus besteht Schnee?

a) aus viereckigen Schneesternen .... ◯

b) aus sechseckigen Eiskristallen .... ◯

c) aus runden Eisbällen .... ◯

8) Was sind Cumulonimbuswolken?

a) Gewitterwolken .... ◯

b) Schäfchenwolken .... ◯

c) Blumenkohlwolken .... ◯

9) Wie weit ist das Gewitter weg, wenn Du bis neun zählen kannst?

a) neun Kilometer .... ◯

b) sechs Kilometer .... ◯

c) drei Kilometer .... ◯

10) Was ist ein Halo?

a) Ein Ring oder Kranz um die Sonne .... ◯

b) Eine kurze Begrüßung zwischen zwei Wolken ◯

c) Der Beginn des Halloweenfestes .... ◯

11) Welcher Schnee ist besser zum Skifahren?

a) Pulverschnee .... ◯

b) Pappschnee .... ◯

c) Schneematsch .... ◯

12) Was bedeutet „Landfall"?

a) Es wird auf dem Land richtig viel regnen ...... ◯

b) Ein Surfer fällt am Strand auf die Nase .... ◯

c) Ein Hurrikan erreicht die Küste .... ◯

13) Was ist am 21. Juni?

a) Sommersonnenwende .... ◯

b) der heißeste Tag des Jahres .... ◯

c) Meteorologischer Sommeranfang .... ◯

14) Was ist Kohlendioxid?

a) Ein Gas in der Atmosphäre, das Wärme speichern kann .... ◯

b) Das Sprudeln in der Apfelsaftschorle .... ◯

c) Das Gas, mit dem Wetterballons gefüllt werden .... ◯

15) Was ist ein Tsunami?

a) Das japanische Wort für Wolke .... ◯

b) Eine Schneeart .... ◯

c) Eine riesige Wasserwelle, die durch Seebeben im Meer entstehen kann .... ◯

16) Welchen Nutzen hat die Ozonschicht für uns?

a) In ihr können Wettersatelliten gut fliegen .... ◯

b) Sie schirmt schädliche UVC-Strahlung ab ..... ◯

c) Sie sorgt für gleichmäßiges Klima .... ◯

17) Warum spielen die Meere beim „Wettermachen" eine so große Rolle?

a) Sie sind kalt .... ◯

b) Sie sind warm .... ◯

c) Sie speichern Wärme oder Kälte lange .... ◯

18) Wo bist Du bei einem Gewitter vor einem Blitzeinschlag sicher?

a) Unter Bäumen, besonders unter Buchen .... ◯

b) Im Wasser, vor allem in Meerwasser .... ◯

c) Im Auto .... ◯

19) Wie kann ein Vulkan das Wetter beeinflussen?

a) Durch die heiße Lava, die herausströmt .... ◯

b) Durch die Kälte, die beim Abkühlen der Lava entsteht .... ◯

c) Durch die Asche, die bei einem Ausbruch in die Atmosphäre gelangt .... ◯

20) Was ist die Tornado-Alley?

a) Eine Region in den USA, in der sehr häufig Tornados auftreten .... ◯

b) Der Spitzname für Alley Weather, eine bekannte Meteorologin in den USA .... ◯

c) Die Startbahn für die Tornado-Militärflugzeuge ◯

Hier siehst Du mittelhohe Wolken. Oben im Bild sind sie ein bisschen flockenartig und unten als Bänder angeordnet. Wenn sich die Bänder in den nächsten Stunden verdichten, naht eine Schlechtwetterfront.

Oft gehen heftige Gewitter nur über einem relativ kleinen Gebiet nieder. Es kann sein, dass ein paar hundert Meter weiter kein einziger Tropfen Regen fällt.

Da Du nun so viel über das Wetter weißt, wirst Du es in Zukunft sicher selbst aufmerksam beobachten – viel Spaß dabei!

Lösungen zum Wetterquiz

1) b: Die Wissenschaftler, die sich mit dem Wetter beschäftigen, heißen Meteorologen.

2) a: Im Durchschnitt ist es auf der Erde 15 Grad Celsius warm.

3) b: Der natürlich Treibhauseffekt besteht darin, dass die Atmosphäre Sonnenenergie speichert.

4) c: Die Erde dreht sich an einem Tag ein Mal um die eigene Achse.

5) c: An Nord- und Südpol dauert der Polartag ein halbes Jahr – in dieser Zeit sinkt die Sonne auch um Mitternacht nicht unter den Horizont.

6) a: Auf der Nordhalbkugel, auf der wir leben, drehen sich Hochdruckgebiete im Uhrzeigersinn.

7) b: Schnee besteht aus sechseckigen Eiskristallen.

8) a: Cumulonimbuswolken sind Gewitterwolken.

9) c: Wenn Du bis neun zählen kannst, ist ein Gewitter noch drei Kilometer entfernt.

10) a: Ein Halo ist ein Ring oder Kranz um die Sonne.

11) a: Pulverschnee ist zum Skifahren am besten geeignet, weil er trocken ist.

12) c: Als „Landfall" bezeichnet man, wenn ein Hurrikan die Küste erreicht.

13) a: Am 21. Juni ist Sommersonnenwende.

14) a: Kohlendioxid ist ein Gas in der Atmosphäre, das Wärme speichern kann.

15) c: Ein Tsunami ist eine riesige Wasserwelle, die durch Seebeben im Meer entstehen kann.

16) b: Die Ozonschicht schirmt schädliche UVC-Strahlung ab.

17) c: Meere speichern Wärme oder Kälte lange und sind darum für die Entstehung des Wetters wichtig.

18) c: Im Auto bist Du vor Blitzen sicher.

19) c: Wenn bei einem Vulkanausbruch viel Asche in die Atmosphäre gelangt, kann dadurch die Sonneneinstrahlung behindert werden – dann kühlt sich das Klima ab.

20) a: Die Tornado-Alley ist eine Region in den USA, in der sehr häufig Tornados auftreten.